O PORVIR <desafio_das_linguagens_do_século_XXI>

O PORVIR <desafio_das_linguagens_do_século_XXI>

Pedro Demo

O porvir:
desafio das linguagens do século xxi

Av. Vicente Machado, 317 . 14° andar
Centro . Cep 80420-010 . Curitiba . PR . Brasil
Fone: (41) 2103-7306
www.editoraibpex.com.br
editora@editoraibpex.com.br

Editor-chefe
Lindsay Azambuja

Editores-assistentes
Ariadne Nunes Wenger
Marcela Mariana de Abreu

Editor de arte
Raphael Bernadelli

Análise de informação
André Akamine Ribas

Revisão de texto
Alexandre Olsemann

Capa
Denis Kaio Tanaami

Projeto gráfico
Bruno Palma e Silva

Diagramação
Regiane de Oliveira Rosa

D383p Demo, Pedro.
O porvir: desafio das linguagens do século XXI / Pedro Demo.
– Curitiba: Ibpex, 2007.
189 p.

ISBN 978-85-7649-016-1

1. Educação – Século XXI. 2. Aprendizagem. 3. Aprendizagem
– Motivação. 4. Leitura – Mudanças. 5. Cognição. I. Título.

CDD 370.1523
20. ed.

Foi feito o depósito legal.

1ª reimpressão, 2008.

Para Lúcia: vovó incomparável

sumário

intro*dução*

introdução

Analisando problemas de nossa escola, hoje, torna-se clamoroso o distanciamento dela para com o mundo das crianças e dos adolescentes. Não seguiria daí – assim ainda imagino – sua extinção, mas sua radical redefinição. Não reduzo seu péssimo desempenho atual no Brasil, em termos de rendimento escolar dos alunos, a esse distanciamento, porque, mesmo sendo a motivação fator fundamental da aprendizagem, muitas vezes aprendemos também sem motivação, em particular, quando a premência fala mais alto.

Creio que antes da motivação vem o sentido das coisas. Podemos sentir motivação por futilidades, mas rapidamente ela torna-se fútil também. Pior, ainda, é a noção corrente de que só aprendemos por prazer, não só pelo fato de as teorias que valorizam a emoção não dizerem isso[1], mas, principalmente, porque o sentido maior da vida nunca foi o prazer do bobo alegre, mas o prazer do bom combate.

Isso não implica que os alunos aprenderiam melhor se os fizéssemos sofrer, pois a motivação mais profunda é aquela do envolvimento abrangente, movido por significados que atribuem um sentido forte à nossa vida. Por exemplo: alguns podem se dedicar à matemática, embora tenham com ela enormes dificuldades, ou enfrentar um mestrado ou doutorado, mesmo em situações adversas, e, apesar do sofrimento, podem obter muito prazer, ao final, pelo menos.

Segue que a desmotivação dos alunos se prende também ao fato de se sentirem em ambiente aparentemente estranho, onde estudam coisas cuja relevância não percebem e são orientados por motivações outras que não as próprias. Não há como mostrar que eles não se motivam com nada, como dizem comumente na escola professores e diretores, porque todo ser humano possui equipamento mental e físico capaz de perceber e atribuir sentido à vida e às coisas. Ocorre que sua motivação é outra.

Por exemplo: os alunos, em sua maioria, não conseguem valorizar a leitura de Camões, uma vez obrigatória em língua portuguesa, porque o elo com a literatura clássica se debilitou/rompeu, mas leriam, por vezes, com obsessão, um manual de 300 páginas sobre algum jogo eletrônico da moda. Não é que não lêem nada. Lêem o que lhes interessa, como sempre.

Não gostam da escola, mas gostam de computador. Enquanto algumas escolas (sobretudo privadas) vão se adaptando ao computador e, aos poucos, este se torna equipamento didático indispensável, outras tantas estão divorciadas, não só porque não há computadores nas escolas (escola pública, principalmente), mas também porque muitos professores não saberiam o que fazer com eles[2].

Se a escola deve preparar os alunos – acima do mercado de trabalho – para a vida, ela deve tratar de levar em conta a vida que faz sentido para eles. O que se faz na escola, hoje, não interessa mais a ninguém – nem aos professores e aos diretores, nem mesmo ao mercado neoliberal – porque há muito tempo a ignorância formal já não traz contribuição para processos produtivos que exigem saber pensar. O mercado neoliberal continua, como sempre, interessadíssimo na ignorância política, porque não inclui no saber pensar o saber questionar[3].

O professor não é culpado pelo fracasso do aluno, mas sim um dos responsáveis dentre os inúmeros fatores que interferem no processo formativo. Na aprendizagem adequada do aluno, o papel do professor parece ser o mais crucial, tendo em vista que sua qualidade é imprescindível para a qualidade da aprendizagem. No processo formativo, a presença do professor não é menos fundamental, do que segue que o aluno não fará o que bem entende só porque lhe interessa. Mas é função do professor conseguir que o aluno venha a se interessar de verdade pela aprendizagem, em especial quando exige esforço, dedicação e mudança de vida.

Ensaio neste texto uma discussão sobre o despreparo da escola em termos de colocar as expectativas dos alunos como centro de sua atenção, não o currículo, a aula, a prova. Enfatizo, sobretudo, o atraso da escola e do professor. Adianto duas coisas: não vejo aí culpa de ninguém, razão pela qual não atribuo ao professor qualquer necessária má consciência, porque ele é fruto de uma história discriminatória extrema, tanto quanto o aluno (erra o professor quando culpa o aluno, assim como erramos nós quando culpamos o professor). Não considero que as expectativas dos alunos sejam sagradas, porque também podem estar fora de lugar, mas creio que são referências inarredáveis de uma boa escola.

capítulo 1

capítulo 1

desafios da *leitura*

O distanciamento da escola frente ao desafio da leitura é um exemplo já fartamente estudado atualmente. A introdução da polêmica sobre letramento ou alfabetismo é indicativa dessa preocupação, embora tal discussão detenha certo laivo modista (importada de fora) e contorcionista (sempre por demais inconclusa)[1]. Aponta para a importância do que Freire[2] afirmava: "Saber 'ler' a realidade". O que se aprende na escola precisa ser significativo para a vida. Ler o mundo para dar conta do mundo, eis o grande desafio. O problema continua, porém, encardido. Primeiro, nem sequer a alfabetização tradicional se cumpre.

Conforme dados do Sistema Nacional de Avaliação da Educação Básica (Saeb), cerca de 20% dos alunos na 4.ª série do ensino fundamental, em língua portuguesa, em 2003, não sabiam praticamente nada (estavam no estágio "muito crítico"), subindo essa cifra para 30% no Nordeste. Apenas

3% dos alunos na 8.ª série tiveram desempenho adequado em matemática[3]. Tais dados, ainda que devam ser tomados com devida cautela, insinuam que não resolvemos sequer a 1.ª série do ensino fundamental.

Esse baixo rendimento não pode ser debitado apenas à escola, aos seus professores, a funcionários e diretores, porque é resultado de um imbróglio imenso, histórico e persistente, que inclui também inúmeros fatores externos (capitalismo, políticas neoliberais, pobreza das famílias, marginalização de grandes contingentes da população, corrupção) sobre os quais a escola não tem influência[4]. Por isso, é erro grosseiro culparmos a escola, pois ela também é parte de um sistema maior. Mesmo assim, parece-nos claro que a precariedade da alfabetização inicial localiza-se nessa própria instituição, que, visivelmente, não sabe alfabetizar[5].

Para atingir a alfabetização inicial (incluindo algo de alfabetismo), não cabe postular mais que a 1.ª série, tornando-se capitulação inaceitável arrastá-la pelas séries seguintes. Os dados aludidos do Saeb não se referem à 1.ª série, mas à 4.ª série: as crianças ficam quase quatro anos na escola e cerca de 1/5 delas não sabe praticamente nada.

Segundo, não se resolvendo a alfabetização na 1.ª série, até certo ponto está perdida a causa da escolarização qualitativa. O significado estratégico do bom êxito na 1.ª série é incalculável, tornando-se a referência mais sensível de todo sucesso posterior.

Nesse sentido, não haveria professor mais decisivo do que o alfabetizador, que teria de receber os cuidados mais sistemáticos, inclusive remuneração diferenciada. Em nossa realidade, ainda estamos por inventar o alfabetizador acima de qualquer suspeita, que, em vez de se perder em diatribes fúteis, como a guerra em torno de métodos e ciclos, saiba dar conta do recado, resolvendo a alfabetização inicial já na 1.ª série. O aluno que se alfabetiza adequadamente nessa primeira série tem condições favoráveis de passar pelas oito séries, uma a uma, com aprendizagem pertinente.

Terceiro, acumulando problemas não resolvidos, encobertos pela progressão automática, o aluno atinge a oitava série despreparado, o que aparece também nos dados do Saeb já citados. Nas três séries pesquisadas (4.ª e 8.ª séries do ensino fundamental e 3.ª série do ensino médio), no estágio do rendimento adequado, não há nenhuma cifra que atinja os 10%, do que se depreende que aprender bem é algo excepcional.

Diz-se freqüentemente que, na 8.ª série, a maioria dos alunos não entende o que lê. Reconhece-se aí que, embora tenham o domínio do código lingüístico, não sabem interpretar, ou seja, estão alfabetizados, mas não letrados[6]. Não sabem usar a habilidade de ler, escrever e contar para dar conta dos desafios da vida.

Essa percepção tornou-se clarividente em outra pesquisa sistemática do Inaf[7] (Índice Nacional de Alfabetismo Funcional), cujos dados (2001: leitura e escrita; 2002: matemática; 2002: leitura e escrita; 2004: matemática), adrede voltados para a questão do alfabetismo e suas práticas sociais, indicam precariedades alarmantes[8].

Tabela 1 – Níveis de alfabetismo na população de 15 a 64 anos e dificuldades – Brasil (%)

Níveis	Leitura / escrita	Matemática	Reconhecem dificuldade em
	2001	2002	2002
Analfabetismo	9	3	fazer contas: 51
Alfabetismo – nível 1	31	32	ler: 38
Alfabetismo – nível 2	34	44	escrever: 35
Alfabetismo – nível 3	26	21	ler números: 20

Fonte: INAF. 2001/2004. Disponível em: <www.ipm.org.br>. Acesso em: nov. 2005. Inaf 2002. p. 17.

Observando a tabela 1, vemos que, na população de 15 a 64 anos, 9% eram analfabetos em leitura/escrita, descendo essa cifra para 3% em matemática. Esses números são menores do que os usuais, por conta dos critérios adotados e que talvez sejam um pouco concessivos. No nível 3 de alfabetismo, no entanto, aparecem cifras muito exíguas: 26% para leitura/escrita e 21% para matemática. Somente 1/4 dos brasileiros, aproximadamente, apresentaram desempenho adequado em leitura/escrita e 1/5 em matemática, o que denota uma precariedade intensa.

Embora os dados também confirmem a importância enorme da escolarização no bom desempenho do alfabetismo, não se pode negar o mau desempenho da escolarização. Mais da metade (51%) reconheceu ter dificuldades em fazer contas; quase 40%, em ler; 35%, em escrever; 20%, em ler números. Concluímos que a escola continua muito importante para a vida, mas não prepara, nem de longe, bem para a vida. Visivelmente, a escola não sabe ler o mundo.

A pesquisa do Inaf é ainda mais importante porque destaca, em anos alternados, o alfabetismo matemático, muitas vezes esquecido nos debates sobre alfabetização. Podemos notar que o nível de analfabetismo parece muito pequeno (3%), mas, em compensação, o nível de domínio adequado das habilidades matemáticas também é incrivelmente diminuto (21%), sem falar que mais da metade da população disse ter dificuldade em fazer contas.

Assim, pela própria necessidade da vida, quase todos desenvolvem algum conhecimento matemático, razão pela qual, por exemplo, dificilmente se encontra alguém que não saiba contar dinheiro, fazer troco, pagar contas, entender preços, embora seja difícil encontrar brasileiros que desempenhem bem habilidades mais elevadas, quando já se supõe a capacidade de adotar e controlar estratégia na resolução de problemas, demandando uma série de operações e um pensamento relativamente articulado.

Ler/contraler

O desafio social da leitura detém, como nódulo central, a habilidade de contraleitura, porque é com ela que podemos, com base na habilidade de brandir a autoridade do argumento, não só ir além do argumento de autoridade, mas principalmente cultivar o saber pensar para melhor intervir[9]. Ler significa tanto compreender significados quanto atribuir significados alternativos ao mundo, emergindo o leitor/autor.

Como instituição social, no capitalismo, a escola, sempre sob suspeita de "produtividade improdutiva"[10], mas pairando sobre ela também a esperança de um futuro melhor, bem como os professores precisam, atenta e renovadamente, entender os sinais da sociedade[11]. Um dos sinais mais decisivos é o da vinculação com o conhecimento inovador. Todas as sociedades humanas foram "sociedades do conhecimento"[12], mas a nossa já é "intensiva de conhecimento"[13], no sentido de que a tecnociência é seu aguilhão decisivo.

Referindo-se ao mundo da cibernética, Gray assim se expressa:

> *Na raiz de toda esta mudança está a grande criação da era moderna: a tecnociência. Uso esse termo com cautela, sabendo que vai molestar um número grande de leitores que gostam de manter separadas tecnologia e ciência, pelo menos conceitualmente. Mas, enquanto ciência e tecnologia são claramente coisas diferentes, também se mesclam em maneiras que são impossíveis de separar. Sua simbiose é maior do que suas respectivas partes e está profundamente mudando a cultura humana. Os humanos têm sempre sido inovadores e fazedores, mas, iniciando por volta de 500 anos atrás, a sociedade começou a institucionalizar a descoberta científica e tecnológica.*[14]

Bastaria perceber essa dinâmica frenética do conhecimento inovador, para já entender que "ler, escrever e contar" são referências preliminares, hoje meros pressupostos, já que, para usar uma expressão comum em usuários de computador, ocorreu e ocorre ainda incessante *upgrading*, ou seja, elevação de exigências de equipamento e habilidades.

A escola não pode ficar nessa pré-alfabetização, embora ainda não a tenha resolvido, por incrível que pareça. Alfabetizar precisa incluir letramento ou alfabetismo, no sentido de que os alunos vinculem, inseparavelmente, decifração do código alfabético com sua compreensão crítica e criativa no contexto social da vida. Não corresponde, nem de longe, às expectativas mais comezinhas da sociedade. A impressão que fica, e essa impressão é extensiva à universidade também[15], é que o sistema escolar é tão obsoleto que, se produzisse alguma formação, formaria para viver na Idade Média.

Duderstadt[16], ao desenhar os contornos da universidade do século xxi, entre outras ironias, oferece uma que já se tornou quase provérbio entre educadores críticos: se trouxéssemos para nossos dias um médico do fim do século xix, ele teria uma surpresa total: tudo mudou – o doente, as doenças, os remédios, as clínicas, os tratamentos, os médicos etc.; mas, se trouxéssemos um professor, ele se sentiria em casa, pois tudo está como estava antes – a mesma aula, a mesma didática, o mesmo quadro-negro, o mesmo conteúdo... De quebra, a educação escolar se vende enfaticamente como estratégia e condição de mudança, sem o menor pejo.

Tal contradição é, em certa medida, enigma mundial[17]. Enquanto o mercado se inova louca e irresponsavelmente, a escola, que deveria estar à frente das mudanças, anda a passos de cágado, se é que anda. Pareceria até que não faz parte do futuro das sociedades, tanto assim que a tese de Foucault[18] de que a escola tem como referência maior o disciplinamento dos corpos, não a aprendizagem, continua muito presente.

Veiga-Neto relembra a percepção de Kant sobre o assunto nesta citação:

> *Enviam-se, em primeiro lugar, as crianças à escola não com a intenção de que elas lá aprendam algo, mas com o fim de que elas se habituem a permanecer tranqüilamente sentadas e a observar pontualmente o que se lhes ordena, uma vez que a falta de disciplina é um mal pior que a falta de cultura, pois esta pode ser remediada mais tarde, ao passo que não se pode abolir o estado selvagem e corrigir um defeito de disciplina.*[19]

Em outra passagem, segundo o mesmo autor, Kant assevera: "Ser disciplinado. Disciplinar quer dizer: procurar impedir que a animalidade prejudique o caráter humano, tanto no indivíduo como na sociedade. Portanto, a disciplina consiste em domar a selvageria"[20].

Essa seria a tarefa mais marcante do "letramento social", em seu sentido funcionalista: encaixar a criança nas expectativas conservadoras da sociedade e, em especial, da economia. Continuando, Veiga-Neto arremata: "A docilização do corpo pelo poder disciplinar pode ser entendida em sua dimensão econômica, na medida em que a disciplina funciona minimizando a força política e maximizando a força útil ou de trabalho"[21].

A escola não agrega nada de muito importante para o ímpeto inovador do mercado, mas cuida para que as crianças se tornem dóceis, para corresponderem submissamente à extração da mais-valia.

Veiga-Neto acentua com cores dramáticas esse conservadorismo escolar:

> *Em termos do espaço e do tempo, a escola moderna foi sendo concebida e montada como a grande – e (mais recentemente) a mais ampla e universal – máquina capaz de fazer, dos corpos, o objeto do poder disciplinar e, assim, torná-los dóceis. As conseqüências disso – sejam em nível individual, sejam em nível populacional – foram imensas [...]. Diante, por um lado, das modernas tecnologias de vigilância e controle social e, por outro lado, das modificações no sistema de produção e acumulação capitalistas, talvez não seja mais necessário que o modelo do panóptico* – a grande máquina óptica proposta para as prisões, por Bentham, há mais de duzentos anos – seja materializada nas escolas modernas.*[22]

Silva, referindo-se às novas tecnologias, se expressa de maneira similar:

> *Há uma unidade em torno do 'grande chefe' sem reação crítica, apenas reiterativa, sem espaço para a inteligência e, muito menos, para a consciência que se faz pelo conhecimento do passado e pelas escolhas que decidem o futuro. Ela sempre pensa por nós e programa-nos dentro de um sistema panóptico de linguagem e de comportamento em um retorno quase completo, massivo, à coesão da espécie, agora, não mais biológica, programada pela vida, mas tecnológica, que nos disciplina e nos controla como se tudo que ela veiculasse fosse*

---

* Prisão concebida por Bentham de tal forma que os prisioneiros pudessem ser vigiados o tempo todo (panóptico: visão total, de todos os lados).

o modelo a ser seguido, em detrimento da leitura dos textos escritos que nos dá o espaço para a imaginação, o pensamento e a memória, verdadeiro exercício de consciência.

Ler não é o mesmo que ver. O contato com a imagem da TV é efêmero – ela apaga a memória –, mas a tecnologia da escrita conserva a dimensão mais próxima à consciência porque envolve o passado e o futuro, e não apenas o presente. É o espaço do pensamento que dimensiona a consciência – critério de humanidade – e conserva a nossa liberdade que nos fez diferentes dos animais, que se mantiveram fechados na programação da vida e, por isso, foram incapazes de evoluir.[23]

Esta última asserção não se sustenta, porque é incorreto afirmar que os animais não sejam capazes de evoluir, a menos que se restrinja evolução a habilidades conscientes, o que certamente é impróprio.

Dentro do mesmo cenário, mas com outros argumentos, Corazza[24] vitupera a gagueira da escola, tanto porque procura restringir a polifonia das linguagens quanto porque pratica um tipo arcaico de linguagem naturalista, essencialista, do tempo do representacionismo direto[25].

A escola ainda acredita que as palavras sejam coisas e imagina que a realidade seja externa à linguagem, assim não atina para a tessitura reconstrutiva, interpretativa do conhecimento. Por isso, supondo que conhece a realidade como Deus a conhece – assim como ela é –, a escola vende uma visão maluca de verdade, de realidade, tipicamente transmissiva e reprodutiva. Acredita na transparência da comunicação, do que segue que o aluno só pode curvar-se perante a comunicação do professor.

Em termos metodológicos, Corazza refere-se ao construcionismo, que na escola é geralmente conhecido como construtivismo, por conta da teoria piagetiana. Apelando para posicionamentos pós-modernos, o autor tenta sugerir visões alternativas que aliem não só a crítica modernista, mas principalmente a capacidade de autocrítica, que, invariavelmente, mostra não só o poder do conhecimento, mas igualmente suas limitações.

Nenhum texto traduz a verdade, não só porque não pode, mas sobretudo porque não é sua função. Texto inteligente questiona verdades e motiva o leitor a questionar e a autoquestionar-se, porquanto, como teia tecida, é feito de inúmeras relações e influências, de fora e de dentro, a maioria das quais inconsciente.

A gagueira da escola assoma em três horizontes: i) tende a ser "monoglota", pois só fala sua linguagem, passando a impressão tola de que é a única; ii) perante línguas desconhecidas, prefere tartamudear, ignorar; iii) só escuta o que interessa à sua linguagem.

> *O resultado disso acaba sendo uma total falta de competência para estabelecer qualquer interlocução com as outras línguas que, no interior e no exterior da escola, insistem 'em falar', às vezes 'gritando'. Tal 'nevralgia de língua' faz com que a escola não fale-com, ou tergiverse nas respostas, ou não escute [...] as linguagens de raça, etnia, gênero, sexualidade; da mídia, cinema, novela, revistas,* shopping, hip hop, *pagode; dos novos corpos, dos novos sujeitos da história, das novas lutas [...] que povoam de vozes e palavras 'forasteiras' as paisagens e os tempos pós-modernos em que vivemos e educamos.*

A escola não consegue dialogar com tais linguagens, inclusive, já escutadas e discutidas em outras instâncias culturais. Muito menos, com outras linguagens: as 'ainda não linguajadas', impensáveis, indizíveis. E se, por acaso, num momento de descuido, a escola ouve o murmurar de uma nova língua, faz de tudo para não reconhecê-la [...].[26]

Corazza agrega ainda que esse encolhimento da escola é funcional à globalização competitiva, na medida em que homogeneiza as linguagens dentro de um pensamento único.

Mariani[27], analisando experiências de leituras na Rocinha (maior favela da zona sul do Rio de Janeiro), questiona acerbamente o distanciamento da escola para com as classes populares. Estas possuem uma prática discursiva, obviamente, mas a escola finge não reconhecer. Mariani chega a afirmar que o fracasso escolar não é coisa do aluno, mas construção da própria escola. É preciso contraler esse fracasso, em razão de que há nele mais resistência do aluno excluído, para não ser devorado por ambientes impostos, do que de fato incapacidade. Segundo a autora citada: "É o modo de ler propagado pela instituição escolar que falha, não encontrando eco, sobretudo, em escolas comunitárias de favelas, onde o fosso da desigualdade aparece ainda mais acentuado"[28].

O irônico está em que a escola, quase como regra, jura partir da experiência do aluno,

mas prossegue adotando livros didáticos escolhidos em uma lista da Fae e bem distante da tal realidade. O discurso pedagógico*

---

* Fundação de Amparo ao Estudante – órgão do MEC.

diz que a escola deve ser democrática, deve ser reivindicativa, deve atender a expectativas, deve partir do aluno, etc., mas problematiza pouco o que significa essa produção de sentidos. Quero dizer com isso que a instituição escolar não consegue ouvir sentidos estranhos aos seus. E isso não poderia ser diferente, pois a instituição escolar é parte ativa da sociedade disciplinar.[29]

As classes populares são, assim, obrigadas a reproduzir sentidos que não são os seus. Não se trata de ir ao extremo de abominar a língua culta, porque ela é necessária como arma de luta (o confronto social se dá com quem "fala bem"), mas de perceber o distanciamento que a escola interpõe, à revelia de um discurso por vezes bem-intencionado. Segue daí que evasão, repetência e fracasso são muito menos do aluno do que da escola.

A organização escolar [...] supõe sempre a normatização do 'certo' e do 'errado', sobretudo em qualquer material escrito. O espaço escolar tradicional não suporta a convivência com a diversidade histórica. Sob o pano de fundo do entendimento das diferenças culturais e lingüísticas, na escola das sociedades disciplinares permanece o processo de apagamento histórico do favelado através do gerenciamento (ou melhor, policiamento) dos sentidos produzidos pelo favelado ao escrever e ao ler.

É interessante notar, por exemplo, que o cotidiano do favelado, quando usado na escola, como ponto de partida para a aula, acaba ficando distante dele mesmo, vira uma história colada nos murais ou vira uma cartilha, quase uma ficção. Se essas histórias ganham em importância imaginária, já que ganham o estatuto de objeto a ser lido (eu diria que são histórias importantes para as teorias pedagógicas...), acabam perdendo em historicidade, pois são necessariamente transformadas para poder ser adaptadas ao que a instituição aceita como sentido legítimo.[30]

Focando mais sobre o desafio do conhecimento, a escola não sabe ler, muito menos contraler. Primeiro, ainda maneja conhecimento de modo reprodutivo, em especial, através das aulas, imaginando que conhecer é afirmar, confirmar e copiar. Segundo, não percebe que a força do conhecimento é a instrumentação à autonomia, na medida em que detém potencialidade disruptiva, rebelde. Conhecer é, antes e acima de tudo, questionar, desconstruir. Terceiro, e por conseqüência, também não sabe contraler: o conhecimento é dinâmica ambígua. O mesmo conhecimento que emancipa é o mesmo que imbeciliza. Conhecimento não é qualquer coisa nem faz qualquer coisa, a par de seu desafio ético[31]. Quarto, por não apreender essa trama, a escola deixa de se postar no centro da política social do conhecimento, permanecendo ainda sistema de seleção, não de universalização do direito de aprender[32].

Paulo Freire já dizia que educar é saber influenciar o aluno de tal modo que o aluno não se deixe influenciar[33]. Educação é, pois, jogo de sujeitos, não de um sujeito que dá aula e um objeto que copia. O educador precisa saber descobrir o tipo de influência que, no outro lado, não implique submissão, mas reação autônoma[34].

Conhecimento pressupõe o desafio da qualidade formal e política: é preciso saber construir e principalmente saber usar. Preparar para a vida significa, acima de tudo, embora não exclusivamente, saber pensar, pois essa habilidade não só inova, mas também sabe observar o desafio ético de saber inovar. Se o aluno pudesse levar isso para a vida, a escola seria referência decisiva, inesquecível. Mas, para que o aluno saiba ler, sobretudo contraler, a escola precisa ser a mestra inequívoca.

Leituras ciberespaciais

Para ilustrar mais vivamente o distanciamento da escola para com o mundo da vida, analiso, aqui, sucintamente, uma reconstrução memorável da leitura feita por Santaella[35], referindo-se às habilidades de navegar no ciberespaço as quais atribui ao que chama de *leitor imersivo*. Em que pese talvez entusiasmo demasiado, podemos observar aí o olhar pertinente que a escola teria de usar para ler e contraler o que está por vir. Considera que o usuário da hipermídia lança mão de habilidades de leitura bem distintas daquelas requeridas para ler texto impresso e que são também diferentes daquelas usadas para apreciar imagens, ver cinema ou televisão. Segundo a autora,

> *essas habilidades de leitura multimídia ainda mais se acentuam quando a hipermídia migra do suporte* cd-rom *para transitar nas potencialmente infinitas infovias do ciberespaço. Conectando na tela, por meio de movimentos e comandos de um* mouse, *os nexos eletrônicos dessas infovias, o leitor vai unindo, de modo a-seqüencial, fragmentos de informação de naturezas diversas, criando e experimentando, na sua interação com o potencial dialógico da hipermídia, um tipo de comunicação multilinear e labiríntica.*
>
> *Por meio de saltos receptivos, esse leitor é livre para estabelecer sozinho a ordem textual ou para se perder na desordem dos fragmentos, pois no lugar de um volume encadernado*

com páginas, onde as frases e/ou imagens se apresentam em uma ordenação sintático-textual, previamente prescrita, surge uma ordenação associativa que só pode ser estabelecida no e por meio do ato de leitura.[36]

Tenho dúvidas se o ciberespaço é mundo tão livre assim, já que também está formatado numa infra-estrutura tecnológica linear e física, além de mercadológica liberal[37], por mais que os raios de liberdade sejam incrivelmente maiores. Não podemos fazer o que bem entendemos, mas o que os equipamentos – *softwares* e *hardwares* – permitem-nos no contexto das constrições político-ideológicas. Dependendo das habilidades informáticas, a leitura pode se alargar de maneira surpreendente, do que não segue, necessariamente, que seja contraleitura. O instrucionismo ainda é a tentação mais próxima.

Santaella concebe três tipos de leitores: contemplativo, movente e imersivo, tomando em conta um cenário de incertezas quanto ao futuro do livro. De fato, advindo os livros ilustrados e, logo a seguir, jornais e revistas, a leitura ultrapassou a decifração de letras também porque, cada vez mais, intensifica-se a relação entre palavra e imagem, ou entre desenho e tamanho de tipos gráficos, ou entre texto e diagramação.

No contexto de mercados sempre mais dinâmicos, sobretudo em grandes cidades, a publicidade, referência crucial do consumo, passou a unir-se intimamente à imagem, cercando e colorindo a vida cotidiana em embalagens, cartazes, sinais de trânsito, pontos de ônibus, estações de metrô etc. Lemos por toda parte, a toda hora, já sem perceber, o que impede a visão purista da leitura restrita à decifração de letras.

Fora e além do livro surge uma multiplicidade de leitores: os que preferem imagem, desenho, pintura, gravura e foto; os que gostam de jornal e de revista; os que apreciam gráficos, mapas e sistemas de notações; os que decifram as cidades, onde se envolvem com uma miríade de signos, símbolos e sinais em uma verdadeira floresta; os que se acomodam na posição de espectadores da imagem em movimento (cinema, televisão, vídeo).

Mais recentemente, surgiu o leitor da computação gráfica e dos textos na tela, em meios ainda mais evanescentes. Agora, emerge o leitor que transita nas infovias das redes, perdido nas "arquiteturas líquidas e alineares da hipermídia no ciberespaço"[38].

Dentro dessa complexidade excitada de leituras, muito além do quadro escolar, Santaella tenta caracterizar os três tipos de leitores. O primeiro, o contemplativo, meditativo, é típico da sociedade pré-industrial, do tempo do livro impresso e da imagem expositiva, fixa. Nasce no Renascimento e sobrevive bem até meados do século xix. O segundo leitor, o movente, é parte do mundo em movimento e apresenta-se dinâmico, híbrido, misturando signos, filho da Revolução Industrial e das grandes cidades – um ser humano da multidão. Essas questões ligam-se à explosão do jornal, bem como ao horizonte reprodutivo da fotografia e do cinema, indo até a revolução eletrônica, tendo seu apogeu na televisão. O terceiro leitor, o imersivo, assoma nos espaços novos e inovadores imateriais da virtualidade e representa as vertigens da leitura do momento atual.

Embora haja uma seqüência histórica nos três tipos, são também cumulativos e se superpõem, em alguma medida, em convivência recíproca. Implicam, porém, "habilidades perceptivas, sensório-motoras e cognitivas distintas"[39].

O leitor contemplativo tende a fazer a leitura silenciosa, para si, concentrado. "A leitura do livro é [...] essencialmente contemplação e ruminação; leitura que pode voltar às páginas, repetidas vezes, que pode ser suspensa imaginativamente para a meditação de um leitor solitário e concentrado."[40]

O leitor movente, fragmentado, dispersa-se no cenário volátil da cidade, como em uma arena para a circulação de corpos e mercadorias, onde tudo perdeu a aura de valor. Tudo virou mercadoria – roupa, livro, médico, advogado, poeta. Vivências passageiras e eventuais já contam mais que memória. As memórias histórica e cultural também perderam seu valor frente à pressão das surpresas e dos choques da metrópole, provocados pela voracidade do novo imposto pelo mercado, sempre sob a forma de mercadoria – moda, decoração, vitrines, ruas, em nome do consumo. "Contudo, ao mesmo tempo em que as mercadorias são substituídas constantemente por novos produtos, nada muda significativamente."[41]

A publicidade preencheu a ilusão das mudanças, à medida que as mercadorias eram vendidas e consumidas com elegância, sedução e convencimento. O fetiche da mercadoria, contudo, foi substituído, com o tempo, pelo da imagem, mais condizente com a fugacidade dos contatos sociais e a moda vista em vitrines, jornais e revistas.

Esse novo leitor vai ajustando-se aos novos ritmos de atenção, exigindo-se trânsito veloz entre o fixo e o móvel. Exercita momentos de atenção instável, desigualmente intensa, nas distrações fugazes e nas sensações evanescentes. É leitor apressado de linguagens efêmeras, híbridas, misturadas, como é o caso do jornal, "primeiro grande rival do livro"[42]. O leitor torna-se "fugaz, novidadeiro, de memória curta, mas ágil". O trânsito entre linguagens vai se impondo, mesclando imagens, ruídos, sons, falas, movimento e ritmo na tela.

O leitor imersivo, virtual, gira em torno do poder dos dígitos para tratar toda informação – som, imagem, texto, programas informáticos – com a mesma linguagem universal, *bits* de 0 e 1 (uma espécie de "esperanto" das máquinas). Por conta da digitalização e da compressão dos dados, todo tipo de signo pode ser recebido, estocado, tratado e difundido via computador. Vinculada à telecomunicação, a informática permite que os dados cruzem oceanos, continentes, hemisférios, conectando na mesma rede gigantesca de transmissão e acesso, potencialmente, qualquer ser humano no globo. "Tendo na multimídia seu suporte e na hipermídia sua linguagem, esses signos de todos os signos estão disponíveis ao mais leve dos toques, no clique de um mouse. Nasce aí um terceiro tipo de leitor, um leitor imersivo, distinto dos anteriores."[43]

O livro é objeto manipulável e fixo. Na tela aparece um texto volátil, apenas relativamente manipulável, por vezes não. O livro eletrônico oferece uma "revolução nas estruturas do suporte material do escrito, assim como nas maneiras de ler"[44].

Segundo Santaella, trata-se de um leitor implodido, porque a subjetividade se liquidifica na "hipersubjetividade de infinitos textos num grande caleidoscópio tridimensional, onde cada novo nó e nexo pode conter uma outra grande rede numa outra dimensão"[45]. Ao fundo, está a noção de hipermídia que implica a navegação interativa no ciberespaço, unindo nós e nexos em roteiros múltiplos e multiplicativos*, com base em três transformações cruciais:

> *i) tipos especiais de ações e controles perceptivos que resultam da decodificação ágil de sinais e rotas semióticas; ii) tipos de comportamento e decisões cognitivas alicerçados em processos inferenciais, métodos de busca e de solução de problemas; iii) ligação das funções perceptivo-cognitivas à polissensorialidade e senso-motricidade do corpo na sua globalidade psicossensorial.*[46]

Estamos aí no ciberespaço, universo dito paralelo gerado na internet, que abriga megalópoles, bancos de dados comerciais e científicos, ornado de infindos portais e *sites*. Onde fica? Existe, sim, mas não tem ubiquação, é mais propriamente uma miríade de lugares; precisa de base física (os computadores interligados), mas os objetos vistos e ouvidos não são físicos nem representações necessárias de objetos físicos, possuindo forma, caráter e ação de dados, informação pura. Geram-se comunidades virtuais, ainda que a realidade virtual seja objeto de controvérsia acirrada.

---

* Santaella fala de "roteiros não-lineares, não-seqüenciais", incidindo confusão que seria o caso evitar. No leitor, sim, aparece o plano semântico complexo, mas na máquina o plano é sintático, reversível, não ocorrendo nada que se assemelhe, ao menos por enquanto, a uma criação interpretativa, reconstrutiva. (DEMO, P. **Politicidade:** razão humana. Campinas: Papirus, 2002).

> *Esta pode ser definida como um sistema informático capaz de criar um mundo simulado paralelo dentro do qual o usuário tem a impressão de estar, quando navega manipulando seus objetos. Trata-se de um sistema que permite simular as percepções humanas, gerando um ambiente virtual que produz a sensação de realidade, na medida em que os objetos se movem de acordo com os movimentos e o ponto de vista do participante, todos controlados por computadores.*[47]

Consegue reunir os humanos e os computadores "em uma relação simbiótica que cresce exponencialmente graças à comunidade interativa". Essa percepção da "realidade virtual", em excesso referenciada à simulação, aproxima-se da noção de *simulacro*, dando a impressão de realidade menor ou inventada, contradizendo os que aceitam que se trate, como o termo indica, de "realidade"[48].

A partir daí as polêmicas se multiplicam: entre os extremos dos que buscam na virtualidade a superação da realidade reduzida à dimensão física, mas consentânea à realidade física, e os que vêem nela o horizonte da desmaterialização, podendo-se, por exemplo, dispensar o corpo, iniciando-se a era do "pós-humano"[49].

Fala-se de "pessoas digitais"[50], de "corpos virtuais"[51], de "cidadão ciborgue"[52], de "máquinas espirituais"[53], de "deserto do real"[54], bem como se imagina o ser "humano reconstruído"[55], para se tornar ainda mais humano como parte de computador, e sem rodeios se convida a abraçar a promessa do "aprimoramento biológico"[56], assim como a participar sem medo, mas com ética, da "política na era pós-humana"[57].

A linguagem hipermídia contém, para Santaella, quatro traços característicos:

~ hibridização de linguagens, processos sígnicos, códigos e mídias, misturando sentidos, ativando uma sensorialidade global, provocando sinestesia reverberante e admitindo sempre a cooperação relativa do leitor (hipermídia significa "a integração sem suturas de dados, textos, imagens de todas as espécies e sons dentro de um único ambiente de informação digital");
~ fluxos que favorecem a organização reticular em arquiteturas hipertextuais, nas quais a capacidade de armazenar informações interativas transmuta-se em versões infindas, com relativa co-autoria, possível por conta de sua multidimensionalidade de estruturas e opções;
~ ambiente de nexos e conexões variadas e variáveis, cuja leitura não é para ser feita do começo até ao fim, mas através de buscas, descobertas e escolhas;
~ linguagem flagrantemente interativa.

Teorizando sobre essa leitura, Santaella propõe três tipos de usuários: novato, leigo e experto, correspondendo ao primeiro a abdução (navegador errante), ao segundo a indução (navegador detetive) e ao terceiro a dedução (navegador previdente)*.

---

* "Entendemos que o usuário novato é aquele que não tem nenhuma intimidade com a rede, para o qual tudo é novidade. O leitor é aquele que sabe entrar na rede, já memorizou algumas rotas específicas, mas não adquiriu ainda a familiaridade e competência de um experto, que conhece os segredos de cada mínimo sinal que aparece na tela". (SANTAELLA, L. **Navegar no ciberespaço:** o perfil cognitivo do leitor imersivo. São Paulo: Paulus, 2004. p. 59).

O internauta errante pratica a arte de adivinhar: "O raciocínio abdutivo é próprio do novato, que pratica a errância como procedimento exploratório em territórios desconhecidos; o indutivo é próprio do internauta que está em processo de aprendizado, e o dedutivo, daquele que já conhece todas as manhas do jogo"[58].

A abdução age por *insight* natural, levantando hipóteses por adivinhação, correspondendo à habilidade humana de reagir adequadamente às condições do ambiente. Une agilidade instintiva com inferência lógica, seguindo alguns passos: i) observação criativa de um fato; ii) inferência inspirada na adivinhação; iii) avaliação da inferência reconstruída. A abdução leva provisoriamente a uma regra geral. "Abdução consiste em, diante de um fato surpreendente, chegarmos a uma hipótese que possa explicá-lo [...] o usuário vai adivinhando o que deve fazer por ensaio e erro."[59]

A capacidade de navegar não é similar à de ler ou escrever. Pede outro tipo de alfabetização, mais semiótica, já que o alfabeto das interfaces é semioticamente complexo, o que pede compreensão geral das operações do computador. Resulta numa navegação como aventura.

O navegador detetive lança mão dos ensinamentos da experiência, generalizando a partir de casos empíricos repetidos. Essa indução lhe faculta uma afirmação provável, com base num argumento estatístico. Não contribui para o aumento do conhecimento, pois apenas indica aproximadamente a recorrência observada do fenômeno, não mais que avaliando uma probabilidade. Mas isso basta para gerar um hábito, como dizia Hume[60], com pretensões de regularidade esperada.

Para esse tipo de navegador, não há associações prescritas, de modo que as seleções feitas, sempre contingentes, constituem-se em um programa ad hoc *ou em uma ordenação associativa que se estabelece no e por meio do ato de navegar. Trata-se daquilo que Castells (2003, p. 80) chama de conectividade autodirigida, isto é, a capacidade do infonauta para encontrar seu destino na rede, um destino que se auto-organiza na medida em que vai se consumando [...].*
Se, de um lado, o detetive pode, a qualquer momento, reencarnar o papel do flâneur *descompromissado, entregando-se aos prazeres da deriva, de outro lado, se levado suficientemente longe, isto é, se repetido com a devida persistência, seu método detetivesco acabará por levá-lo inevitavelmente à habilidade do navegador previdente.*[61]

Nesse contexto, exemplificando, Santaella recorre a Eco:

> *O emaranhado de ligações oblíquas e de* links *remissivos corresponde a um jogo e que, por associação, com cinco passos apenas, se passa de 'Platão' à 'salsicha'.* Estabelecem-se *relações contíguas e associativas descontínuas, saltando de 'salsicha' para 'porco', de 'porco' para 'cerda', de 'cerda' para 'pincel', de 'pincel' para 'maneirismo', de 'maneirismo' para 'idéia', de 'idéia' para 'Platão'.*[62]

O navegador previdente sabe antecipar as conseqüências pela via da dedução, por meio da qual, no quadro do silogismo formal, estabelece procedimentos comprovados. Tendo internalizado as regras do jogo da navegação, hábitos e associações fazem com que regras gerais se estabeleçam, das quais seguem reações correspondentes e racionalizadas. A memória adquire longa duração e surge a habilidade de elaborar, coisa típica do experto. Sabe argumentar e fazer. A interatividade eleva-se, retirando da tecnologia digital em rede o proveito máximo, em especial, a possibilidade de *feedback* imediato e contínuo, como ocorre, por exemplo, no *videogame*.

> *Um produto, uma comunicação, um equipamento, uma obra de arte são de fato interativos quando estão imbuídos de uma concepção que contemple complexidade, multiplicidade, não-linearidade, bidirecionalidade, potencialidade, permutabilidade (combinatória), imprevisibilidade, etc., permitindo ao usuário-interlocutor-fruidor a liberdade de participação, de intervenção, de criação.*[63]

Intensifica-se o espaço de negociação, pois a comunicação interativa supõe intercâmbio e influência mútua entre emissor e receptor, misturando os papéis de um para o outro e vice-versa.

Há quatro tipos principais de comunicação interativa: i) face a face; ii) epistolar; iii) telefônica; iv) mediada por computador. Esta alimenta a expectativa de que "a tecnologia digital possa alcançar níveis de interatividade bidirecional bem similares àqueles que se fazem presentes na conversação"[64]. Ainda que a máquina seja operacional, pode "dar a impressão de que o computador responde pessoalmente a nós, simulando os processos de conversação ou interação com uma outra inteligência para efetuar um resultado desejado"[65].

Assim, Santaella vai se animando, talvez excessivamente, aproximando-se da versão forte da inteligência artificial[66], na medida em que já concebe que as "máquinas são capazes de oferecer respostas similares ao comportamento dos seres vivos"[67].

No atual estado da arte, a interatividade na rede permite: acessar informações a distância em caminhos não-lineares de hipertextos e ambientes hipermídia; enviar mensagens que ficam disponíveis sem valores hierárquicos; realizar ações colaborativas na rede; experimentar a telepresença; visualizar espaços distantes; agir em espaços remotos; coexistir em espaços reais e virtuais; circular em ambientes inteligentes mediante sistemas de agentes; interagir em ambientes que simulam a vida e se auto-organizam; pertencer a comunidades virtuais com interação e por imersão em ambientes virtuais de múltiplos usuários.[68]

Por conta de tamanha atração das máquinas digitais, em especial das aventuras e das vertigens do ciberespaço, há quem lamente a perda da capacidade dos jovens de ler. Santaella prefere apostar que o acesso à internet também possa estimular "ir às fontes"[69]. Para além dessa polêmica, estabelece-se um patamar inescapável de análise: "É preciso compreender que a era digital obrigará tanto seus detratores quanto seus apologistas a encontrar novas ferramentas conceituais se não quiserem terminar relegados aos museus paleolíticos do século xxi"[70].

Já não cabe considerar apenas a leitura de livros, porque um novo modo de ler se impõe, orientado por arquitetura fluida, leve, volátil e hipertextual. A leitura torna-se nômade, pois perambula de um lado para outro, junta fragmentos e mapas; perde-se e encontra-se. É leitura topográfica, pois uma nova escritura vai sendo elaborada nos nexos encontrados e feitos pelo leitor-produtor. Pode ser instrucionista, mas pode ser criativa, se aparecerem pesquisa e elaboração em contexto de autonomia reconstrutiva.

A figura ideal do leitor imersivo deveria ser aquela capaz de misturar de modo equilibrado os três níveis de leitura imersiva: o errante, o detetivesco e o previdente. O ideal é que esse leitor não se entregue às rotinas sem imaginação do previdente, mas se abra para as surpresas, se entregue às errâncias para poder voltar a vestir a roupagem do detetive, farejando pistas. Por isso mesmo, as formas de criação em cd-rom *e a literatura na internet buscam propositalmente criar a desorientação. Uma desorientação provocativa para que o leitor não perca de vista sua posição de explorador, cúmplice e co-criador.*[71]

capítulo 2

capítulo 2

realidades *virtuais*

Prensky[1] persegue a idéia da aprendizagem digital com base em jogos *(digital game-based learning)*, porque:

> *i) aprendizagem digital com base em jogos vai ao encontro das necessidades e estilos de aprendizagem das gerações de aprendizes de hoje e futuras;*
> *ii) aprendizagem digital com base em jogos é motivadora, pois é divertida* (fun);
> *iii) aprendizagem digital com base em jogos é enormemente versátil, adaptável a quase todo assunto, informação ou habilidade de aprender e, quando usada corretamente, é extremamente efetiva.*

Os aprendizes mudaram, embora escola/universidade não e até mesmo resistem[2]. Prensky chega a citar a hipótese sub-reptícia de que estaríamos diante de novo passo evolucionário com respeito à formatação de nosso cérebro. Este teria sido *rewired* (reformatado), por conta desse ambiente digital cada dia mais avassalador.

Tecnologia só é tecnologia se for inventada depois que se nasce, pois, para as novas gerações, o que havia antes é parte da paisagem normal e passada. Prensky cita Tapscott[3], que, em sua obra altissonante sobre a "geração digital", alega que as crianças agora estão tão imersas em *bits* que consideram essa realidade cenário natural.

O ambiente das novas tecnologias informacionais alterou literalmente a configuração cerebral, indo ao encontro das pesquisas neurológicas, segundo as quais a estimulação insistente muda as estruturas do cérebro e afeta o modo como as pessoas pensam, durante a vida toda. A plasticidade cerebral é muito mais marcante na infância, mas permanece em graus variados ao longo da vida humana, o que ocasiona reorganização permanente.

Tal reorganização não é casual, fácil, arbitrária, requerendo atenção bem focalizada para religar o cérebro. Isso poderia estar ocorrendo com os jogos digitais. Considerando esse cenário cada vez mais real, é preciso partir dele, até mesmo por conta da tese de que o aprendiz é o centro do processo de aprendizagem. Não faria sentido educar a nova geração com estratégias velhas. A escola precisa conjugar aprendizagem séria e divertimento intenso, ainda que a aprendizagem digital com base em jogos não possa ser transformada em panacéia.

> *Aprendizagem é negócio grande* (big job). *Nenhum método funciona sozinho ou por si mesmo para qualquer coisa. Aprendizagem digital com base em jogos é crucial no que motiva e ensina sob maneiras que outros métodos raramente*

> *fazem. Mas não é a única solução para todos os problemas de treinamento nem panacéia. Aprendizagem digital com base em jogos precisa ser combinada com outros métodos de aprendizagem que funcionam bem também.*[4]

Entre outras coisas, "é preciso parar de falar em sala de aula, porque quase ninguém escuta"[5]. Não é que os alunos não possam prestar atenção, eles preferem não prestar. É de nos perguntarmos se, com isso, não estaria desaparecendo a reflexão crítica. Prensky reconhece que reside aí desafio crucial e por isso requer que a aprendizagem digital se comprometa com a formação reflexiva.

Seja como for, as novas gerações crescerão familiarizadas com a realidade virtual. Para nós, ainda é algo da ordem do simulacro, simulação, fantasmagoria, o que sempre dá a entender que não seria parte da realidade. Diz Kurzweil, um dos representantes mais ciosos da inteligência artificial forte, que

> *realidade virtual será tão realista, detalhada e sutil como a realidade real. Assim, em vez de somente telefonar a um amigo, pode encontrar com ele num café virtual francês em Paris, ou fazer um passeio numa praia virtual mediterrânea, e vai parecer bem real. As pessoas serão capazes de ter todo tipo de experiência com qualquer um – de negócio, social, romântica, sexual – a despeito da proximidade física.*[6]

Afiguram-se cenários futuros surpreendentes, a ponto de borrar os limites entre realidade física e virtual. Para a educação a distância, aparece horizonte crucial: não cabe mais distinguir entre cursos presenciais e não-presenciais, pois essa distinção é da velha geração. Há cursos com predominância de presença física e outros com predominância de presença virtual, nunca exclusivos e muito menos excludentes. É possível estar presente a distância e, por isso, é possível aprender virtualmente, sem deteriorar o ambiente maiêutico de aprendizagem, necessariamente.

A distância, pode-se receber orientação, conversar com professores e colegas, trabalhar em equipe, comunicar-se intensamente, com a vantagem de não estar submetido a restrições físicas corporais. Kurzweil debita tais desenvolvimentos à lei dos retornos acelerados *(law of accelerating returns)*, através da qual a tecnologia acelera o passo exponencialmente, tornando-se "evolução por outros meios"[7], com a diferença favorável de que, se antes a evolução biológica procedia como "relojoeiro cego", agora pode ser cuidadosa.

Embora as idéias de Kurzweil sejam extremamente polêmicas, sinalizam o mundo que parece vir por aí e é nele que as novas gerações vão viver. A escola, em especial a escola pública, não está nem aí! Mesmo com relação às crianças pobres, que não poderiam saltar, sem mais, para dentro desse ambiente digital, temos de reconhecer que o mundo no qual terão que ganhar a vida não é aquele prefigurado na leitura escolar. A própria margem do sistema, para a qual muitos serão despachados, será digital, pelo menos residualmente, porque, permeando todas as dobras do sistema, chega à periferia. Nela pode-se ter que usar computadores velhos, ultrapassados, mas nada se fará sem intermediação digital.

Respondendo a Searle[8], Kurzweil[9] aposta que nada impede o computador de, um dia, atingir a habilidade de interpretação semântica, indo, pois, além das condições sintática, seqüencial e algorítmica atual. Respondendo a Denton[10], promete que aplicar princípios de desenho orgânico das máquinas já não é analogia, mas estratégia assentada[11].

Ray[12] lembra a Kurzweil que somente o processo evolucionário consegue produzir as complexidades orgânicas e, dentre elas, algo como a inteligência interpretativa, subjetiva e semântica. Kurzweil não vê nenhum limite, porque, assim como a natureza, com tempo necessário, produziu a complexidade de seres conhecidos, não haveria nada a impedir que os seres humanos, evoluindo tecnologicamente, pudessem também fazer emergir da mesma natureza seres similares, possivelmente mais inteligentes. Do ponto de vista da tecnociência, assim como o ser humano é resultado natural da evolução natural, nada se postula de transcendente para além do mundo material.

Questionado por Gilder e Richards[13] a respeito, assim se expressa:

> *Há transcendência por toda parte [...]. Transcender significa 'ir além', mas isto não nos obriga a uma visão dualista ornada que vê níveis transcendentes da realidade (e.g., o nível espiritual) como não sendo deste mundo. Podemos 'ir além' dos poderes 'ordinários' do mundo material através do poder dos padrões. Antes de ser materialista, gostaria de me considerar um 'padronista'.*[14]

Assim como o ser humano representa para a natureza a criatura que se confronta com o criador, também seres inteligentes futuros farão o mesmo contraponto, precisamente em razão de o princípio evolucionário permitir que, partindo-se de condições iniciais específicas, seja possível ir além, transcender. Afinal, essa é a definição de criatividade, se não quisermos ficar na repetição.

As polêmicas não param por aí. Há algum tempo fala-se de "pós-humano", quase sempre citando o manifesto ciborgue de Haraway[15]. Segundo Hayles[16], agora se discute sobre "corpos virtuais", no sentido da dispensa paulatina da materialidade, prefigurada pela própria informação, que perdeu seu corpo, lembrando o imbróglio quântico: ora a partícula parece ser matéria, ora onda. A identidade humana sempre foi associada a corpo, mas agora surge a proposta de que sua essência seria de caráter informacional, tipo dna. É apenas conseqüência lógica que se pretenda baixar *(download)* a consciência humana num computador.

Hayles destaca alguns pressupostos:

> *i) o ponto de vista pós-humano privilegia padrão informacional sobre instanciação material, de sorte que a incorporação num substrato biológico é vista como acidente da história, mais do que uma inevitabilidade da vida;*
> *ii) o ponto de vista pós-humano considera a consciência, vista como a sede da identidade humana na tradição ocidental muito antes que Descartes tivesse pensado ser mente pensante, como epifenômeno, como arrogância evolucionária tentando exigir que é o* show *inteiro, quando na realidade é apenas cenário menor lateral;*
> *iii) o ponto de vista pós-humano pensa o corpo como uma prótese original que todos aprendemos a manipular, de sorte que estender ou substituir o corpo com outras próteses torna-se continuação de um processo que começou antes de termos nascido;*

iv) e mais importante, por esses e outros meios, o ponto de vista pós-humano configura o ser humano, de sorte que pode ser articulado com máquinas inteligentes de modo inconsútil; no pós-humano, não há diferenças essenciais ou demarcações absolutas entre existência corporal e simulação de computador, mecanismo cibernético e organismo biológico, teleologia de robô e fins humanos.[17]

Sendo o sujeito pós-humano um amálgama, uma coleção de componentes heterogêneos – uma entidade material informacional, em constante construção e reconstrução –, apaga-se a distinção entre algo original e artificial, entre prótese e órgão. Há sempre a tendência em ver nas tecnologias uma intervenção de fora, artificial, na natureza. Mas é percepção equivocada, porque o que parece vir de fora é gesto de dentro, não só permitido, mas fundado na dinâmica natural evolutiva e histórica. Afinal, o próprio ser humano poderia ser visto como prótese da natureza, e, por isso, nada o impediria de acrescentar outras próteses na natureza e em si mesmo.

A realidade virtual pode, assim, ser mais bem definida como aquela interpenetrada por padrões informacionais. Como a informação transita à velocidade da luz e não é material, parece emergir aí um mundo imaterial, real e não-físico. Seguindo percepção que não é nova, visualiza-se o corpo como empecilho, estorvo, peso, do que seria oportuno livrar-se, na expectativa de libertação virtual. A informática precisa de materialidade, pelo menos os computadores interligados, mas, a partir daí, ascende a uma dimensão imaterial.

Hayles lembra que a linguagem humana sempre teve, de certa maneira, essa propensão, na medida em que tem da realidade imagem reconstruída. O construcionismo persiste nesta idéia: a realidade existe por si, mas a realidade que se tem em mente é reconstruída pela via da observação, tendo-nos como sujeito interpretativo. É uma realidade formatada como informação e como conhecimento. O autor cita a obra de Maturana[18], conhecida por estabelecer bases biológicas para o ponto de vista do observador, de estilo autopoiético. Percepção não é fundamentalmente representacional, mas interpretativa.

> *Argumenta que para falar de um mundo objetivamente existente é equivocado, porque a própria idéia de um mundo implica um reino que preexiste à sua construção por um observador. Certamente, existe algo 'lá fora', que, por falta de termo melhor, chamamos de 'realidade'. Mas vem à existência para nós, e para todas as criaturas vivas, somente através de processos interativos determinados apenas pela própria auto-organização do organismo. Nenhuma descrição de uma realidade absoluta é possível.*[19]

Tocando no desentendimento entre Maturana e Varela, credita-se a Varela o esforço de evitar o risco de solipsismo de Maturana, na medida em que este ressalta em excesso o fechamento estrutural da hermenêutica humana. Com isso, relega a evolução, cuja seleção natural procede por confronto ambiental. Ainda que toda mudança no ser vivo seja de dentro para fora, substancialmente, o entorno não é secundário ou eventual, mas inteiramente condicionante.

Com o conceito de *enação*, Varela et al.[20] tentaram superar esse fechamento, indicando que a convivência com pressões externas é integrante evolucionária, através da "mente incorporada" *(embodied mind)*.

Para Hayles,

> *uma crença contemporânea que certamente vai espantar gerações futuras é a ortodoxia pós-moderna de que o corpo é primariamente, senão inteiramente, uma construção lingüística e discursiva. Coincidente com desenvolvimentos cibernéticos que sacaram a informação do seu corpo, foram análises discursivas dentro das humanidades, especialmente a arqueologia do conhecimento, tendo como pioneiro Foucault, que viram o corpo como um jogo de sistemas de discurso.*
> *Embora os pesquisadores nas ciências físicas e humanas reconhecessem a importância da materialidade de modos diferentes, eles, todavia, colaboraram na criação da ideologia pós-moderna de que a materialidade do corpo é secundária para as estruturas lógicas ou semióticas que codifica.*[21]

Essa maneira de percepção vai em direção da autonomia imaterial, cujo princípio na vida artificial tem como pressuposto que a forma lógica de um organismo pode ser separada de sua base material de construção, e que a vida, crescentemente, será vista como propriedade da primeira, não da segunda. Distingue, porém, entre corpo e incorporação. Corpo pode desaparecer na informação, mas incorporação não pode, pois está ligada às circunstâncias da ocasião e da pessoa.

> *Em contraste com o corpo, incorporação é contextual, imiscuída dentro das coisas específicas do lugar, tempo, fisiologia e cultura,*

que juntos compõem o agenciamento. Incorporação nunca coincide exatamente com 'o corpo', seja como for conceituado esse conceito normalizado. Enquanto o corpo é uma forma idealizada que acena para uma realidade platônica, incorporação é a instanciação específica gerada a partir do ruído da diferença.[22]

Chorost[23], em obra bem recente, oferece a expectativa de que, ao nos tornarmos parte de computador, isso nos faria ainda mais humanos. Na prática, cada vez mais nos tornamos ciborgues, no sentido de que abrigamos no corpo alguma prótese ou coisa similar. "A essência da condição de ciborgue é a presença de software que toma decisões 'se-então-algo-mais' e age no corpo para as efetivar"[24].

Tais mudanças, em vez de artificiais, fazem parte de uma trajetória natural, já que "é sempre misteriosamente estranho que eu tenha que mudar com o objetivo de permanecer o mesmo"[25]. Os seres humanos, assim como a natureza, nunca foram completos, ao contrário, estão a caminho, tal qual a informação, que é apenas onda que passa. Por isso, não cabem visões da realidade como algo fixo.

Narrativas mestras são construções humanas da realidade que não têm dimensão humana. O universo não tem nem mestres nem narrativas. Apenas é. Mesmo a ciência, esse suposto paradigma de objetividade e verdade, é uma construção humana da realidade.

A divisão da neurologia do ouvido em código de lugar, ritmo e fase é uma conveniência analítica mais do que um modelo verídico do modo com o ouvido funciona. O sistema auditivo é tão incrivelmente complicado e recursivo que precisamos apelar para construtos parciais dele para fazer algum progresso puro e simples. A partir da perspectiva de quem escuta, o ouvido não tem três esquemas de código – tem um [...].

Para os cientistas, a ciência não parece ser algo que inunda uma caverna escura com luz; parece exploração com uma simples vela, vendo poucos bits *por vez. O inferno nisso tudo é que não há flechas no chão mostrando-lhe para aonde ir no próximo passo. Dependendo de seus interesses, pode ir neste ou naquele caminho, e se for neste caminho, nunca vai descobrir o que poderia ter descoberto se fosse por outro caminho. Seja qual caminho escolheu, vai deixar enormes áreas da caverna inexploradas para sempre e não iluminadas [...].*[26]

Assim, na trajetória de desconstrução e reconstrução do humano, experimentamos novas fases, nas quais nos parecemos liquefazer em dimensões não aparentemente não previstas, pretensamente artificiais, mas próprias de nossa natureza material/imaterial.

Gray[27] analisa a política na era pós-humana e tenta delimitar o cidadão ciborgue, incluídas aí também criaturas artificiais possivelmente inteligentes e dotadas de direitos: "Um ciborgue é um organismo que se auto-regula, que combina o natural e o artificial juntos num sistema. Ciborgues não precisam ser em parte humanos, porque todo organismo/sistema que mescla o evoluído e o feito, o vivo e o inanimado é tecnicamente um ciborgue."

Embora o ser humano, em geral, não tenha medo de ser inteligente e, também, por isso, facilmente deprede a natureza e o seu semelhante, sempre teve medo de um ser possivelmente superior. Estamos agora na era da evolução participativa, que, apesar dos riscos, poderia ser um mundo aberto de oportunidades. Gray considera evolução sistema aberto *(open-ended)*, cuja ação se nutre de informação, alcançando patamares que poderiam nos libertar tanto da regra do acaso/necessidade (perspectiva darwinista) quanto de seu oposto, uma autoridade distante absoluta (criacionismo).

Para o autor,

> *evolução participativa significa que moldaremos nosso futuro através de escolhas humanas múltiplas, mesmo sendo incompletas e contraditórias. Governo participativo é a mesma coisa. Os fracassos espetaculares das economias de comando marxista, no século* XX, *deveriam ser um alerta para aqueles que acreditam em políticas e economias de comando, bem como para aqueles que suportariam governo hierarquicamente controlado e/ou evolução corporativa de cima. Decisões sobre evolução deveriam ser feitas na base* (at the grass roots), *tal qual decisões políticas e econômicas deveriam ser, especialmente agora que começamos a reconhecer a evolução política do ciborgue.*[28]

O ser humano sempre fabricou ferramentas que, ademais, costumam definir as eras e estão aí para ficar, bem como as máquinas e também os ciborgues. A questão agora é: que ferramentas, que máquinas, que ciborgues teremos na sociedade; quais seriam excluídos ou nunca criados? Interpretando a evolução como dialética, Gray marca o ritmo como tese, antítese, síntese e prótese. Na raiz de tudo está a tecnociência. Embora os seres humanos sempre tivessem sido "inovadores, fazedores", "por volta de 500 anos atrás a sociedade começou a institucionalizar a descoberta científica e tecnológica"[29].

Após alguns séculos de modernismo, marcado por vasta produção científica, o pós-modernismo veio para indicar alguns questionamentos, tais como: colapso das narrativas mestras, coexistência fragmentada de expressões culturais, centralidade da informação como metáfora e tecnologia, instabilidade geral das estruturas vigentes e falta de autocrítica na tecnociência. Daí estarmos passando para a era pós-humana, sugerindo a urgência de ultrapassar a industrialização moderna e seu modelo predatório.

Gray, citando Haraway, mostra que

> *o imaginário ciborgue pode ajudar a expressar dois argumentos cruciais [...]:*
> *i) a produção de teoria universal totalizante é um erro maior que desconhece a maior parte da realidade, provavelmente sempre, mas certamente agora;*
> *ii) assumindo responsabilidade pelas relações sociais da ciência e tecnologia, significa recusar uma metafísica da ciência, uma satanização da tecnologia e assim significa abraçar a tarefa habilidosa de reconstruir as fímbrias da vida diária, em conexão parcial com outros, em comunicação com todas as nossas partes. Não é assim que ciência e tecnologia são meios possíveis de grande satisfação humana, tanto quanto matriz de dominações complexas. O imaginário ciborgue pode sugerir um modo para sair da confusão dos dualismos nos quais temos explicado nossos corpos e nossas ferramentas para nós mesmos. Esse é um sonho não de uma linguagem comum, mas de uma heteroglossia poderosa infiel [...].*[30]

Gray insiste fortemente na politicidade da tecnociência, porque é "socialmente construída, em parte capaz de produzir dominações complexas e grande satisfação humana. Não pode ser explicada através de uma 'boca', mas talvez possa ser comunicada através de um conjunto de vozes"[31].

Tudo exalta a extrema complexidade da cidadania na era da reprodução eletrônica, essencialmente anárquica. Entre as novidades, surgem os direitos do ciborgue: i) direito de viajar; ii) liberdade de fala eletrônica; iii) direito de privacidade eletrônica; iv) liberdade de consciência; v) direito à vida; vi) direito à morte; vii) direito à igualdade política; viii) direito à informação; ix) direito à família, à sexualidade e ao gênero; x) direito à paz.

> *Tenho assumido aqui que cidadãos ciborgues são corpos políticos reais e por isso necessitam de direitos políticos reais instanciados em tecnologias, tais como constituições e testes operacionais de cidadania. O indivíduo necessita de proteção política real nesta era de tecnociências novas poderosas e os sistemas que tornam possíveis. Sem tal proteção, corporações, partidos, entidades policiais, governos e famílias ricas terão hegemonia, e a vasta maioria de nós terá perdido seu poder político. Cidadania será sempre incorporada em algum sentido, embora não necessariamente, na carne viva. Muitos teóricos, e eu entre eles, pensam que a própria inteligência é inerentemente incorporada. Uma inteligência desincorporada, se é que seria um dia possível, poderia bem não estar interessada em nossa definição de cidadania. Nosso sistema político (de fato, nossa existência) está baseado na incorporação. É a filosofia feminista que tornou inegável a incorporação da*

cidadania na era pós-moderna, através do exame dos perigos das filosofias desincorporadas e através de muitas que fazem a hiper-racionalidade a medida de todas as coisas [...].[32]

Para o bem da democracia, há necessidade de avançarmos com cautela, sem resistências inócuas, mas também sem otimismos excessivos, como se as tecnologias, inexoravelmente, conspirassem em favor do bem comum. A própria politicidade delas não poderia garantir isso. Com o incremento exponencial das comunidades virtuais, surge concorrente para as comunidades corpo a corpo, sendo, assim, preciso sempre refletirmos sobre perdas e ganhos. Ganhamos em liberdade, possivelmente, mas perdemos em privacidade, sem falar nos riscos do terror, cujo remédio, para Gray, está na crítica persistente. Por ironia, a *net* é anárquica, mesmo originada no militarismo e no capitalismo.

Grande questão é a responsabilidade social pelo mundo da informática, como querem os "profissionais de computação pela responsabilidade social": i) há uma só *net*; ii) a *net* deve estar aberta e disponível para todos; iii) as pessoas têm o direito de se comunicar; iv) as pessoas têm o direito à privacidade; v) as pessoas são gerentes da *net*, não seus donos; vi) nenhum indivíduo, organização ou governo deveria dominar a *net*; vii) a *net* deveria refletir a diversidade humana, não homogeneizar.

Constitui risco notável o fanatismo americano pelo mercado livre, como se a apropriação privada desenfreada pudesse ser fundamento do bem comum. Mas, se pudermos salvaguardar a democracia de base, muitos frutos poderiam ser colhidos com o desenvolvimento do ciberespaço e dos ciborgues, a começar pela infomedicina e pelo novo corpo (corpo digital).

Mostra-se aí a importância da digitalização do corpo (matematização do corpo), cujos avanços dependem do aperfeiçoamento de instrumentos capazes de escanear em tempo real nanoprocessos que vitalizam a carne, traduzem nossos sentimentos e tornam possíveis nossos pensamentos. "Toda medicina *high-tech* é medicina ciborgue, porque envolve essa digitalização"[33]. Será preciso enfrentarmos os desafios da reprodução humana cibernética, modos pós-modernos de gravidez, filhos cibernéticos e, ao final, ciborgues não-humanos.

Em breve a sociedade será sociedade do ciborgue, com famílias ciborgues, máquinas de sexo, seres humanos divididos e misturados em gêneros, vidas planejadas, sistemas de aprendizagem que interconectam homem e máquina.

> *Educação mediada pelo computador tornou-se uma questão política maior. Tal como com os próprios ciborgues, não é uma equação simples de bom ou mau. Aprendizagem a distância pode ser muito efetiva, ou pode ser uma piada. Programas de computador podem ensinar algumas coisas importantes, ou podem aborrecer às lágrimas. Recentemente, o número de programas de educação a distância mediados por computador explodiu.*[34]

Estudantes mais velhos se dão, em geral, melhor, porque a distância implica confiança no trabalho de cada qual. "O fator crucial é quão bons são os professores e quão freqüentemente se comunicam com os estudantes. A tecnologia pode ajudar nisso, mas não faz o ensino. Somente pessoas podem ensinar."[35]

Problema preocupante, no entanto, é que tudo isso tende a ser absorvido pelo mercado.

Gray descreve a "cibergologia" como parte das ciências do terceiro milênio:

> *Ciência é nossa religião. Enquanto muitas pessoas professam crer nesse deus ou deusa, quando estão doentes, quando precisam de armas para matar os que acreditam em algo diferente, quando anunciam sua verdade ao mundo, invariavelmente voltam-se para a ciência.*
>
> *O que ocorreu entre o nascimento da ciência e hoje não é central para essa estória, tanto quanto o fato de que muitas coisas aconteceram, particularmente em termos da tensão entre ver o mundo e o corpo humano como natural e vê-los como algo maquinal. Hoje são concebidos como ambos, e isto é, em vez de corpos naturais manejando ferramentas maquinais, temos sistemas que incorporam ambos – ciborgues.*
>
> *Como Haraway anota: 'Vastamente no discurso científico do final do século XX, o corpo natural é convencionalmente um ciborgue biotecnológico – um equipamento engendrado de comunicações, um sistema de geração e processamento de informações, uma tecnologia para reconhecer o* self *e o* non-self *(paradigmaticamente através do sistema imune), e um arranjo estratégico de componentes bióticos heterogêneos mantidos juntos numa política reprodutiva de investimento genético'.*[36]

Apesar dos avanços incríveis da tecnociência, não podemos esquecer que "somente entendimento parcial é possível, porque entendimento é um mapa e o mapa não é o território"[37]. Essa cautela pós-moderna é a salvaguarda de inventores que inventam com cuidado e ética. Estamos descobrindo que o pequeno é poderoso, à medida que se confirma a revolução em nível nano. Imensas são as possibilidades pós-humanas, desde que a primeira aprendizagem disso tudo seja: tecnologias são políticas. Enquanto a "ciborguização" é acerca de corpos, políticas ciborgues são acerca do poder. Conhecimento multicultural é poder. Com o desdobramento da liberdade e do domínio sobre processos naturais, temos também a liberdade de dominar ainda mais.

Em tom tipicamente otimista, Hughes[38] preconiza o "cidadão ciborgue" repleto de boas promessas, democraticamente controlado. Anota que, no século xxi, sob a convergência da inteligência artificial, nanotecnologia e engenharia genética, os seres humanos poderão realizar feitos tidos antes inimagináveis, exceto na ficção científica. Por exemplo, a duração da vida alcançará facilmente mais de um século; sentidos e cognição serão sensivelmente aprimorados; nossas emoções e memória serão mais bem monitoradas; seremos fundidos com as máquinas, e estas serão mais humanas. As tecnologias permitirão que evoluamos para variedades surpreendentes de configurações "pós-humanas", prenunciando uma era e uma sociedade que Hughes chama de "trans-humanas"[39].

As tecnologias trans-humanas, ao empurrar ilimitadamente as fronteiras da humanidade, podem aprimorar radicalmente a qualidade de vida, sendo direito fundamental usá-las e com elas controlar corpos e mentes. Entretanto, para garantir tais oportunidades, é imprescindível colocar as tecnologias sob estrita regulação democrática, com o objetivo de mantê-las como patrimônio comum de sociedades abertas. "Tornar-se mais do que humanos pode aprimorar nossas vidas inteiras, mas somente novas formas de cidadania e democracia trans-humanas poderão fazer de nós mais livres, mais iguais e mais unidos."[40]

Faria pouco sentido apenas resistir aos avanços tecnológicos cada vez mais apressados e envolventes, sendo bem mais razoável saber viver com a ciência e a democracia. Hughes denomina essa revolução de "nano-bio-info-cogno"[41], para indicar seus componentes mais decisivos: nanotecnologia capaz de agir nos níveis mais íntimos da realidade; biotecnologia capaz de lidar com a tessitura biológica humana; infotecnologia capaz de manejar os reptos informacionais; ciência cognitiva capaz de entender melhor a mente e seus processos de conhecimento.

Lembra que a revolução liberal democrática, de longa data e ainda forte, apesar do contexto capitalista, sempre abrigou a idéia de que as pessoas são "mais felizes" se tiverem controle racional de suas vidas.

Hughes aposta na habilidade de controle tecnocientífico da existência humana, libertando-nos da ignorância, do trabalho pesado, da dor e da doença. Parece claro que aqui se ouve o eco modernista que prometia a emancipação humana conduzida pelo espírito científico de feitura positivista e capitalista[42]. Confia que a democracia, aperfeiçoando formas de controle através das liberdades civis e da participação eleitoral, poderia garantir oportunidades tecnológicas equalizadas. O autor acredita que "tecnologia e democracia se complementam", permitindo tecnologia segura, acessível e confiável. Alimenta a expectativa de que os computadores logo terão o mesmo poder que o cérebro humano, ainda que, hoje, a arquitetura de ambos seja muito diferente.

Para Hughes, "à medida que a inteligência aumenta, a democracia será fortalecida"[43]. Trata-se de uma afirmação no mínimo apressada e linear, porque supõe que saber pensar se alinhe diretamente a fazer o bem. Certamente, as tecnologias possuem potencial enorme para melhorar a felicidade humana, mas não é decorrência mecânica, até porque ainda seria necessário definir felicidade.

Não parece idéia pacífica a ligação de felicidade com tecnologia, porque todas essas ligações da felicidade com alguma fórmula nunca se sustentaram[44]. Felicidade, como regra, é projeto extremamente subjetivo e sensível, muito pouco ligado a satisfações materiais, quando definida como projeto de vida, não de sensações momentâneas agradáveis. Daí não segue que felicidade teria de ser projeto contra as tecnologias, em absoluto, pois, dentro da maleabilidade humana praticamente infindável, os projetos podem ser burilados de maneiras muito variáveis e criativas, permitindo convivências realizadoras com padrões novos e inovadores de vida, ainda não costumeiros.

Sem nunca desprezar bases materiais da felicidade, pesquisas mostram claramente que ser feliz não tem muita relação com indicadores externos materiais, como riqueza, posse, poder. Parece ser bem mais fácil ser feliz em contextos mais espiritualizados que lidam melhor com possíveis sentidos da vida.

Hughes, assim como Gray, reserva cidadania exclusivamente para seres dotados de personalidade humana ou trans-humana. Visivelmente, tais distinções prenunciam imensas confusões futuras, caso realmente venhamos a conviver com máquinas inteligentes e sensíveis, borrando os limites entre humano e não-humano. Que tipo de ser trans-humano mereceria ser considerado cidadão portador de direitos?

A título de informação e reflexão, eis a "declaração trans-humanista" de Hughes:

> *i) a humanidade será radicalmente mudada pela tecnologia no futuro; prevemos a factibilidade do redesenho da condição humana, incluindo parâmetros, tais como: a inevitabilidade do envelhecimento; limitações de intelectos humanos e artificiais; sofrimento psicológico não escolhido e nosso confinamento ao planeta Terra;*
> *ii) pesquisa sistemática deverá ser disponibilizada para o entendimento desses desenvolvimentos vindouros e suas conseqüências de longo prazo;*
> *iii) os trans-humanistas pensam que, mantendo-nos abertos em geral e abraçando a nova tecnologia, teremos chance melhor de direcioná-la para nossa vantagem do que se a banirmos ou proibirmos;*
> *iv) os trans-humanistas advogam o direito moral para os que assim querem usar a tecnologia para estender suas capacidades mentais e físicas e para aprimorar seu controle sobre suas próprias vidas; buscamos crescimento pessoal para além de nossas atuais limitações biológicas;*
> *v) planejando o futuro, é imprescindível tomar em conta o prospecto do progresso tecnológico dramático; seria trágico se os benefícios potenciais falhassem em se materializar por causa de tecnofobia mal-intencionada e proibições desnecessárias; por outra, seria também trágico se a vida inteligente fosse extinta por causa de algum desastre ou guerra envolvendo tecnologias avançadas;*
> *vi) precisamos criar fóruns onde as pessoas possam racionalmente debater o que é mister fazer e uma ordem social onde decisões responsáveis podem ser implementadas;*

vii) o trans-humanismo advoga o bem-estar de todo sensiente (sejam intelectos artificiais, humanos, animais não-humanos ou espécies possíveis extraterrestres) e englobam muitos princípios do humanismo moderno secular; o trans-humanismo não sustenta qualquer partido em particular, político ou plataforma política.[45]

Seja como for, parece prudente não se perder em dicotomias extremas, do tipo ou luditas, ou racistas humanos. Sendo a inovação tecnológica histórica e naturalmente inevitável, em vez de combatê-la ou proibi-la, é bem mais inteligente saber regulá-la democraticamente.

A visão de democracia de Hughes aproxima-se da social-democracia de cariz europeu, um pouco mais à esquerda, pleiteando a construção de uma nova esquerda, para radicalizar os direitos humanos, em todo o caso, acima de constrições do mercado. Nesse contexto, seria viável uma "visão sexy e *high-tech* para um futuro radicalmente democrático"[46], permitindo a todos o direito de controlar corpos e mentes.

A inovação tecnológica, por sua vez, precisa ser democratizada, inclusive com regulações apropriadas à pesquisa científica e à inovação. Urge proteger a autopropriedade genética e os patrimônios comuns genéticos e intelectuais, para que não se tornem mercadorias. Sob a ótica dos direitos sociais, há que se criar soluções globais, embaladas pelo que se chama de *movimento trans-humanista*. Não deixa de ser tocante o compromisso democrático em torno dessa causa, o que tempera um pouco o entusiasmo facilmente excessivo e linear.

Autores como Hughes contam como perspectiva líquida e certa os horizontes trans-humanos, nos quais teremos de conviver com criaturas artificiais inteligentes e sensíveis, possivelmente mais inteligentes e sensíveis do que nós mesmos, sem falar nas interferências tecnológicas em nossos corpos e mentes.

Naam[47] é ainda mais deslumbrado, ao propor que abracemos a promessa do aprimoramento biológico, a exemplo dos avanços obtidos recentemente no tratamento de pessoas doentes ou lesionadas, com base em tecnologias avançadas de fundo biológico.

> *Estamos descobrindo que, para curar nossas mentes e corpos, precisamos entendê-los, e quando os entendemos conquistamos o poder de aprimorá-los. Esse poder poderia nos dar melhor aprendizagem e memória, melhores músculos e vida mais longa. Ao deslindar como nossas mentes e corpos funcionam, biotecnologicamente isso poderia nos dar o poder de esculpir todo aspecto de nós mesmos – como pensamos, como sentimos, como vemos e como nos comunicamos uns com os outros.*[48]

Por conta disso, não haveria por que temermos a mudança. Melhor é saudá-la, porque as novas tecnologias detêm potencialidades incríveis que permitiriam alterar mentes e corpos, em contextos de acesso para todos. "Ao contrário de impor uma visão rígida do que significa ser humano à humanidade, deveríamos confiar em bilhões de indivíduos e famílias para decidirem isso para si mesmos."[49]

Olhando para a história, vemos que condenar a pesquisa só pioraria a situação, tanto porque não é coisa que facilmente se controle como, principalmente, porque não se pode imaginar que o ser humano se contenha perante tais desafios. Faz parte da potencialidade disruptiva do conhecimento continuar desbravando tudo sob qualquer risco. Esse debate está no coração da liberdade humana e corresponde ao sentido natural e histórico da mudança. Não mudar seria inimaginável. A título de informação, reconhece-se que os asiáticos são mais entusiasmados com as novas tecnologias e assumem mais desimpedidamente as inovações: 20% dos americanos aprovam engenharia genética, mas 63% na Índia e 83% na Tailândia[50].

Posições como as de Naam são no mínimo apressadas, em razão de que é sempre difícil garantir que potencialidades tecnológicas se definam e se realizem como patrimônio comum, sendo muito mais fácil se tornarem butim mercantilista. A defesa da liberdade humana tende fortemente a reduzir-se às proporções do mercado liberal, ainda mais se tomarmos em conta que nenhuma democracia conhecida conseguiu até hoje colocar os direitos humanos acima do mercado.

Perkowitz[51] analisa o que chama de *pessoas digitais (digital people)*, incluindo aí humanos biônicos e até andróides, com base na possibilidade de criar vida artificial completa, ou seja, inteligência artificial emergindo de cérebro humanamente construído e que funcione como um cérebro natural humano. Supondo que temos condições de inventar essa figura, cabe-nos perguntar se ela poderia operar de modo inteligente no mundo real, ou se conseguiria autodirecionar-se, ou se seria consciente a ponto de perceber seu estado interno próprio. O autor acredita que tais perguntas talvez jamais venham a ser respondidas, também porque nós mesmos não sabemos resolvê-las em nosso nível. Por exemplo, o que seria "consciência", como diz Searle[52], continua "mistério"[53].

De repente, estudar criaturas artificiais poderia ser artifício inteligente para conhecermos melhor a nós mesmos.

"Sempre fomos biônicos"[54], porque desde sempre o ser humano recorreu a táticas tecnológicas consideradas artificiais para complementar suas habilidades ou introduzir em seu corpo mudanças desejadas. O que perturba é, entre outras coisas, se máquinas poderiam viver... Em termos virtuais, não parece haver problemas, mas ainda é assustador imaginar que isso possa se tornar realidade.

Para um autor como Kurzweil[55], o que é possível virtualmente seria *ipso facto* possível fisicamente, já que não faz mais sentido imaginar que o mundo virtual seja irreal. Seja como for, é intrigante, para dizer o mínimo, ter de engolir que o mundo das simulações mais fantasiosas poderia vir a ser o parâmetro da realidade, mais que a realidade como a tomamos normalmente. Se as fantasias viessem a tomar conta de nós, o que seria de nós?

Perkowitz, entretanto, considera que ainda temos um caminho longo pela frente em termos de pesquisa.

> A *despeito de muito pensar sobre como pensamos, não há ainda nenhuma teoria única para explicar como as ações de um arranjo neural intrincado se transformam no sentido profundamente vivenciado do* self *que todos carregamos, ou que poderia formar um projeto para uma mente artificial [...]. O que a maioria das teorias tem em comum é a tentativa de mostrar como os neurônios trabalham juntos para dar percepções unificadas e processos de pensamento, levando a um senso coerente de consciência.*[56]

Recorre a autores que ainda propõem limites intransponíveis entre inteligência artificial e real, como Penrose[57], que toma como um de seus argumentos o teorema da incompletude de Gödel, também amplamente debatido por Hofstadter[58].

Gödel teria descoberto a

> *prova de que todo sistema formal – tal qual um conjunto de axiomas que define a geometria clássica ou um programa de computador – pode logicamente gerar afirmações que são verdadeiras, mas que não podem ser provadas dentro do sistema. A prova de Gödel implica que há resultados matemáticos verdadeiros que não podem ser derivados por computadores, que operam por regras lógicas estritas, mas podem ser derivados pelos humanos.*[59]

Supõe-se que pensamento não se reduz a processo de informação apenas. A inteligência artificial ainda não chegou até aí, também em razão de a mente humana estar contida num corpo real, físico.

> *Apreendemos o mundo e os outros através de nossos sentidos; sem eles, poderíamos pensar, talvez, mas não poderíamos lidar com a realidade física ou nos envolver com os outros. Similarmente, um ser artificial precisa de mais do que um cérebro de silício, mais do que membros de metal e músculos de plástico. Como uma criatura em movimento, precisa entender seu meio para mover-se livre e inteligentemente. Para lidar com os humanos, precisa responder à sua presença e comunicar-se com eles. Tais funções requerem aparato sensorial, sustentado por facilidades cognitivas que interpretam o que é sentido e faz decisões inteligentes sobre a interação com o mundo.*[60]

Como alerta Picard[61], para o computador chegar a pensar, ele necessitaria de afeto.

Grande parte do poder do cérebro tem origem na capacidade avassaladora de processamento dos 100 bilhões de neurônios. O córtex, por conta de seu formato fractal (em dobras)*, parece conter muito mais que isso, permitindo quantidades fabulosas de interconexões entre os neurônios. Cada um deles conecta-se com milhares de outros, em três dimensões, vertical e horizontalmente. Em um *chip* de computador, os transistores já atingem as cifras dos milhões, mas estão longe dos bilhões. Ainda, as conexões entre os transistores não possuem a qualidade neuronal, porque são achatados e executam instruções seqüenciais lineares. Os *chips*, porém, já levam vantagem em velocidade, transmitindo sinais eletrônicos em nanossegundos, ou seja, um milhão de vezes mais rápidos que os sistemas orgânicos.

Há quem acredite que os processamentos biológicos de informação são totalmente diferentes dos computadores, também porque a criação dos primeiros exigiu tempo biológico muito longo e não-linear.

Perkowitz assinala que,

> *seja quão rápida for a computação, seres baseados em processamento ao estilo do computador acabariam pensando como [...] bem, computadores. Disso não segue que não possam ser efetivos; de fato, podem bem ultrapassar os humanos de muitos modos. Se for para haver um novo estágio, todavia, onde um ser artificial agisse com autonomia plena, mostrasse inteligência interpessoal,*

---

* Perkowitz alega que o córtex, alisado e espalhado, teria por volta de três metros quadrados. (PERKOWITZ, S. **Digital people:** from bionic humans to androids. Washington: Joseph Henry Press, 2001. p. 185).

ou observasse você no olho e anunciasse 'eu sou consciente', precisaríamos considerar métodos qualitativamente diferentes de construção de cérebros artificiais.[62]

Brooks[63], por sua vez, aposta que saberemos um dia combinar carne e máquina, resultando disso robôs inteligentes que irão mudar mais a nós do que nós a eles. De fato, os robôs estão se tornando mais inteligentes, não se podendo divisar qualquer limite nessa rota. Embora fosse, a princípio, possível que a humanidade regredisse a eras pré-tecnológicas (um cataclismo, por exemplo), Brooks acredita que "a humanidade embarcou numa viagem irreversível de manipulação tecnológica de seus corpos. As primeiras poucas décadas do novo milênio serão um campo moral de batalha à medida que questionamos, rejeitamos e aceitamos tais inovações"[64].

Olhando a história natural e humana, "o que separa as pessoas dos animais são sintaxe e tecnologia"[65]. Aparentemente, só seres humanos possuem sintaxe e tecnologia na Terra. Mas, "por enquanto", continua o autor: "Minha tese é que em apenas 20 anos a fronteira entre fantasia e realidade estará despedaçada. Apenas cinco anos a partir de agora essa fronteira será quebrada de maneiras inimagináveis para a maioria das pessoas, tal qual era usar diariamente a www há dez anos atrás"[66].

Em termos concretos, revoluções tecnológicas fazem parte da história conhecida, confundindo-se com ela. Em tempos passados, as transformações eram graduais, estendendo-se por muitas gerações. Agora, inovações tecnológicas podem alterar nossas vidas de maneira avassaladora na mesma geração. Temos fascinação por uma criatura artificial, de preferência que seja superior ao próprio criador.

Entretanto, ao lado do faro por inovações, somos também seres dotados de crenças enraizadas que dificultam aceitar e propor mudanças. Bastaria lembrar como foi difícil aceitar o heliocentrismo e a teoria evolucionária. Um dos entraves mais duros é superar a crença de que o ser humano é especial, em vez de considerá-lo apenas mais evoluído. Já sofremos pelo menos dois golpes contra essa expectativa de "ser especial": a Terra não é o centro do universo e evoluímos de animais. Está por vir um terceiro golpe: máquinas produzidas por nós e que nos desafiarão.

Brooks critica acerbamente autores que colocam objeções de princípio, como Dreyfus[67], por exemplo, quando nega que procedimentos algorítmicos poderiam gerar habilidades semânticas de interpretação. Objeções de princípio possuem, certamente, o defeito de imaginar que natureza e história sejam questões de princípio, quando são de existência concreta. Esta se serve de princípios, mas a eles não se reduz.

Entretanto, no caso de Dreyfus, a crítica parece-me excessiva, porque o autor se refere àquilo que os computadores "ainda não podem fazer", deixando aberta a porta para desdobramentos futuros. Assim, como teria talvez ocorrido na natureza – através de processos também lineares produziu-se crescente complexidade não-linear –, é aceitável que inteligência possa ser gerada de processos seqüenciais, algorítmicos e sintáticos. Seja como for, "não somos especiais", diz Brooks. E continua:

> *Se aceitarmos a evolução como o mecanismo que nos fez surgir, entenderemos que não somos mais que uma coleção altamente ordenada de biomoléculas. A biologia molecular*

fez fantásticos progressos nos últimos 50 anos e seu objetivo é explicar todas as peculiaridades e detalhes da vida em termos das interações moleculares. Um ponto central da biologia molecular é que isso é tudo que existe. Há uma rejeição implícita do dualismo mente-corpo e, ao invés, uma aceitação implícita da noção de que a mente é um produto da operação do cérebro, ele mesmo feito inteiramente de biomoléculas.[68]

Segundo Brooks, seria "fútil" resistir a tais achados, endereçando, então, uma crítica ao célebre "quarto chinês" de Searle[69]. O equívoco de Searle estaria em pretender, sozinho, entender chinês, enquanto um programa de computador suficientemente complexo poderia e rapidamente. Ao mesmo tempo, critica Penrose[70], por insistir em ter a mente humana como limite das possibilidades de pensar e ser consciente.

Não é o caso aqui dirimir tamanhas polêmicas, mas observarmos como a discussão avança sem parar, dando a entender que as pretensões tecnológicas não podem ser travadas. Na história, todos os grandes momentos tecnológicos provocaram medo e repulsa, bem como entusiasmo e encanto. Passado algum tempo, as inovações tornam-se normais.

Até hoje podemos encontrar pessoas incomodadas com a televisão em casa, insinuando a expectativa de evitar que os filhos tenham contato com ela. Na prática, são águas passadas. Se os filhos não vêem televisão em casa, assistem no vizinho ou em qualquer outro lugar. Não faz mais sentido resistir. É muito mais inteligente saber usá-la.

O que está ocorrendo de novo é que, tendo sido uma mudança mais lenta e vista com maior cautela, hoje é mais facilmente saudada e tida como parte integrante do modo de existir atual. Livramo-nos de algumas amarras ideológicas, em especial religiosas, e aceitamos mais rapidamente que não podemos controlar nem a nós mesmos nem o que inventamos, já que, menos que donos da realidade, somos produtos eventuais dela.

Quando inventamos alguma tecnologia, não retiramos do nada, mas colocamos em marcha características naturais evolutivas e históricas. A natureza, poder-se-ia dizer, não cabendo em si de tantas potencialidades, acabou gerando seres tão complexos, inteligentes, questionadores e criativos que escapam ao controle natural. Somos capazes hoje de destruir o planeta que, pacientemente, nos gerou por bilhões de anos.

O processo evolucionário foi capaz de fazer a própria evolução evoluir. Hoje, está emergindo novo limiar: os seres humanos, seguindo a criatividade incontida da natureza, tornaram-se crescentemente mais capazes de gerar entidades possivelmente mais inteligentes que nós mesmos, tornando-se impraticável esperar que venhamos a ter controle de tais criaturas as quais chamamos ainda de “artificiais”. Mas, ironicamente, elas vão dizer um dia que artificiais somos nós.

Até certo ponto, as novas gerações, perambulando e convivendo no ciberespaço, podem nos sugerir que essa realidade dita virtual é bem mais interessante e mesmo real do que o mundo físico que nos parece ser único e intransponível.

capítulo 3

capítulo 3

mudou a *mudança*

Chamam a atenção percepções como as de Plant, quando assim se expressa:

> *As impossibilidades de assumir o controle, de entender as mudanças que ora ocorrem constituem em si mesmas alguns dos efeitos mais inquietantes a emergir do estado de espírito corrente da mudança social. A perspectiva de chegar a uma posição de saber e, preferivelmente, de controlar as mudanças que ocorreram na escala social tem sido crucial para as modernas concepções do que era antes chamado de lugar do homem no grande esquema das coisas. Não se supunha então que a tecnologia fosse meio vital para exercer esse poder explicativo e organizacional.*
>
> *As revoluções em telecomunicações, mídia, coleta de dados e processamento de informações que elas desencadearam coincidiram com um senso de desordem e inquietação sem precedentes, não só em sociedades, estados, economias, famílias, sexos,*

mas também em espécies, corpos, cérebro, padrões climáticos, sistemas ecológicos.

Há turbulência em tantas escalas que a própria realidade parece crispada. Centros tornam-se subordinados às periferias, correntes principais são superadas por suas águas represadas e núcleos são erodidos pelas peles que antes se pensava que os protegiam. Quando deram por si, os organizadores descobriram que foram devorados pelo que quer que estivessem tentando organizar.[1]

O que Plant quer dizer, trabalhando a idéia para muitos insólita e agressiva de "mulher digital" e "o feminino e as novas tecnologias", é que "a revolução foi revolucionada [...]. Qualquer tentativa de levar em conta um determinado fenômeno imediatamente ele se abre para englobar todos eles"[2].

Na percepção de Plant, as mulheres possivelmente lidam melhor com o corpo também no ciberespaço. "Quando falam de realidade virtual, mulheres falam em levar consigo o corpo [...] o corpo não é simplesmente o recipiente deste nosso glorioso intelecto"[3].

Os homens, no entanto, que Plant caricatura como "homens das cavernas"[4], falam em superar o corpo na realidade virtual quase como um sonho de desencarnação, continuando a subordinação do corpo a uma mente que não pareceria encarnada. "O corpo é uma gaiola, um grilhão, uma armadilha; na melhor das hipóteses, uma inconveniência desagradável, o vaso para a alma que luta para mantê-lo controlado e limitado."[5]

Mudam as sensibilidades, as subjetividades, as materialidades, as espiritualidades, enquanto a escola permanece impassível. Anda no mundo da lua, se é que anda para algum lugar.

É inescapável o reconhecimento de que estamos perdendo o passo frente às novas tecnologias e às novas gerações. Nunca a distância foi tão grande. No tocante à escola, o desconforto dos alunos aumenta à medida que se enfronham nas novas tecnologias e nelas se sentem em casa.

O tema da indisciplina também poderia/deveria ser visto por esse ângulo[6]. Há aí muitas outras dimensões, é claro, mas uma parte da indisciplina provém do desinteresse que a escola motiva, em grande medida porque não sabe ler a realidade em mudança e tantas outras leituras que o mundo de hoje coloca na berlinda.

Ouve-se da escola, conforme já colocado, a alegação constante de que os alunos já não lêem nada, não querem ler, não prestam atenção, não fazem as lições de casa, não gostam de estudar. Diante de tal constatação, a escola sugere mau comportamento, desleixo e também ausência da família. De fato há esses componentes. Mas a escola resiste em reconhecer que, ela mesma, está cada dia mais distante das motivações das novas gerações. O que se faz em sala de aula, sobretudo o que se estuda em sala de aula, como regra, não faz parte do futuro que espera os alunos. Por exemplo, a leitura de livros-texto, apostilas e até cartilhas e que, quase sempre, são textos de ninguém para ninguém, constitui mundo ultrapassado, perdido e irrelevante.

Referindo-se ao ensino de matemática, D'Ambrosio formula crítica ferina:

> *A matemática que estamos ensinando e como a estamos ensinando é obsoleta, inútil e desinteressante. Ensinar ou deixar de ensinar essa matemática dá no mesmo. Na verdade, deixar*

de ensiná-la pode até ser um benefício, pois elimina fontes de frustração! [...] Nossa proposta é ensinar uma matemática viva, uma matemática que vai nascendo com o aluno enquanto ele mesmo vai desenvolvendo seus meios de trabalhar a realidade na qual ele está agindo.[7]

É difícil encontrar um aluno entusiasmado com a escola. Na contramão, é difícil encontrar um aluno que não tenha paixão pela nova mídia.

A distância entre as gerações é fenômeno natural que, uma vez, quase não se percebia. Agora virou abismo. A nova geração vê a anterior como parte de um mundo passado, ultrapassado, superado.

É comum também que a nova geração tenha facilidade, por vezes estupenda, de lidar com as novas tecnologias, enquanto a anterior tropeça, desconhece ou mesmo se afasta. Problemas de micro, internet e eletrodomésticos são resolvidos em casa pela nova geração, que, como regra, se sai bem.

A nova geração estuda de outros modos, por vezes, chocantes. Gosta de barulho, música alta e excitada, algo que, para a geração anterior, seria inconcebível, já que estudar é sinônimo de atenção maximamente concentrada. Gosta de estudar na internet, em comunidades virtuais, com contatos constantes, comunicando-se fluidamente. Gosta de ambientes mais caóticos, sem regras rígidas, atribuindo à motivação papel fundamental.

Quando o tema interessa, é capaz de perder a noite, em geral, diante do computador, em grupo físico ou virtual, debatendo e reconstruindo conhecimento intercomunicado. Aprecia menos livros do que hipertextos, embora sob o risco de encurtamentos e facilitações. Acompanha passo a passo as novidades virtuais e as observa como passaporte para o futuro.

Na prática, acha que faz parte do futuro porque sabe lidar com a realidade virtual de uma maneira que é quase uma prótese. Nesse sentido, em parte figurado, a nova geração é toda ciborgue. Alguns vão dizer que isso ainda é coisa de rico. Certamente. Mas como a sociedade intensiva de conhecimento é substancialmente informacional, não vai deixar de atingir a todos, ou pela via da inclusão positiva, ou pela via da inclusão negativa.

Para trabalhar em algum ambiente interessante, atualizado e compensador, saber informática é como se fosse alfabetização, ou seja, simples pressuposto. O analfabetismo digital talvez venha a ser a grande exclusão futura, porque sem ela não haveria propriamente futuro. Os alunos pobres que não conseguem familiarizar-se com tais habilidades terão que correr atrás delas depois. É isto que sucede: um dos cursos, no momento, mais procurado é o de informática.

Infante[8], discutindo o desafio da capacitação permanente, com base na análise dos dados do Inaf[9], alerta sobre o impacto dos avanços tecnológicos, informação e comunicação no trabalho e na vida diária, desencadeando a necessidade de educação permanente, ou seja, educação para toda a vida, voltada para o desenvolvimento, em primeiro lugar, de sólida formação básica que permita às novas gerações saber pensar, analisar, sintetizar, inferir, interpretar crítica e criativamente a massa crescente de informação e, a par disso, utilizar linguagens diversas, para além da escolar. As competências básicas exigidas para o trabalho são, no fundo, as mesmas para dar conta da vida diária.

O 'aprender a aprender' adquire renovada importância frente às mudanças possíveis no contexto e no conteúdo do trabalho. A alternância de trabalhos diferentes ou de períodos de desemprego mostram a necessidade de que cada pessoa tenha uma base sólida para que possa se adequar às mudanças de cenário em sua vida profissional, para que possa aprender em áreas diferentes e 'reaprender' em sua própria área de trabalho, devido a introdução de novas tecnologias ou mudanças dos conteúdos da mesma.

A ênfase na atualidade destacou-se de uma especialização crescente para uma base geral sólida, a partir da qual cada sujeito possa desenvolver-se na especialização de que necessite. Faz-se necessário, então, que cada pessoa desenvolva habilidades em múltiplas dimensões, pois não se sabe quando terá que utilizar em seu percurso profissional.

O que fica evidente, além disso, é que cada um tenha desenvolvidas as competências que lhe permitam continuar construindo novos e múltiplos conhecimentos [...]. Hoje estuda-se em uma área para trabalhar em outra e, por isso, a escola não deve buscar a especialização. Devido a isso, colocam-se dúvidas sobre até que ponto se deve desenvolver competências específicas numa modalidade técnico-profissional, por exemplo.

Claramente, a ênfase na atualidade deslocou-se de uma especialização crescente para uma base geral sólida a partir da qual cada sujeito possa se desenvolver na especialização de que necessite. Em vez de uma formação para um trabalho específico ou para um posto determinado de trabalho, fala-se hoje principalmente em formação para a vida de trabalho.[10]

Faz parte dessa base do saber pensar a alfabetização, ou melhor, o alfabetismo computacional, porque é ferramenta indispensável, que caminha para a onipresença no trabalho e na vida. Entretanto, "a baixa escolaridade de grande parte da população adulta no Brasil dificulta que uma parcela importante possa participar de cursos de capacitação. Assim, os resultados mostram que, no geral, predominam os que nunca participaram de nenhum curso desse tipo (58%)"[11].

Predominam cursos curtos, embora sempre se possa criticar a tentação de tais encurtamentos, porquanto aprender bem exige procedimentos reconstrutivos (pesquisa e elaboração própria) de duração mais longa.

Sobre esse pano de fundo, a escola está cada dia mais alienada, não só porque nela quase não se aprende, mas principalmente porque aquilo que, porventura, aprende-se está fora do contexto que as novas gerações irão enfrentar. Parece que há aí dois desafios capitais entrelaçados: de um lado, a necessidade de saber pensar, porque sem habilidades de compreensão e reconstrução de conhecimento não se consegue fazer parte da sociedade e da economia intensivas de conhecimento; de outro, alfabetismo digital, para falar a linguagem ou o "esperanto" dessa sociedade globalizada.

Na formação original, ambos os desafios são negligenciados, quando não desconhecidos, por conta não só da pobreza dos estudantes, mas igualmente do instrucionismo que contamina todo o sistema de ensino, de alto a baixo. É impraticável sair daí preparado para o mundo do trabalho e o mundo da vida.

Entretanto, um dos desafios mais duros está no fato de que a nova geração gosta de aprender de outros modos, como assevera enfaticamente Duderstadt[12]. Em particular, os alunos não suportam as aulas e, como regra, com enorme razão. Ficar muito tempo escutando alguém transmitindo informação reproduzida, na expectativa de devolver depois na prova essa mesma informação, parece aos alunos um despropósito. Tem peso específico nessa desilusão o contraste com a internet: nesta, navegam livremente em meio às informações, buscando as que mais interessam ou motivam, enquanto na sala de aula estão presos à fala única de alguém, que mais parece discurso de alma penada.

Nesse sentido, os alunos parecem indicar que preferem a função docente socrática, maiêutica, que orienta dentro de um espaço amplo de pesquisa e elaboração, com altos graus de liberdade de ação, como ocorre no mundo virtual.

É preciso, porém, não fantasiar as coisas. Na internet nada se cria, tudo se copia, a ponto de muitos docentes não aceitarem mais elaborações feitas fora do controle da sala de aula, tamanha é a tentação do plágio. Sempre é possível usar a tecnologia mais avançada para continuar fazendo as mesmas velharias[13], em particular, o velho instrucionismo.

Tapscott[14] alega que a geração digital já não se contenta com o instrucionismo, visto que teria descoberto o valor da habilidade de construir conhecimento. Em parte é correto, mas em parte não é o caso, porque o mundo virtual também está repleto de futilidades, a começar pela sobrecarga de materiais pornográficos e mercantilistas. Mas isso não retira o argumento de que a habilidade de lidar com a realidade virtual é condição fundamental, cada vez mais, para manter-se atualizado com a leitura do mundo.

Não basta transitar pela informação. O fundamental é saber transformar informação em conhecimento próprio através de procedimentos adequados de aprendizagem. Que a aprendizagem virtual vai se impor e dominar o cenário futuro, não há escapatória[15]. Cumpre, pois, também à escola educar as novas gerações para usar bem a nova mídia.

De todo modo, os formatos atuais de ensino chocam-se gritantemente com as expectativas das novas gerações, pois estas não conseguem entender e mesmo acreditar que se preparar para a vida e o mercado se restrinja ao que se faz em sala de aula.

De um lado, quando aparece aluno estudioso, sobretudo afeito ao mundo virtual, é sempre possível que ele detenha informação mais atualizada que qualquer professor. Aborrece-o muito perceber que está sendo "enrolado" por um professor desatualizado, como o aborrece muito ver que a aula proposta é desinteressante, rotineira, tendencialmente imbecilizante. Poderia estar fazendo coisa melhor.

De outro, se o professor não produz conhecimento próprio, a rigor, não poderia dar aula, porque não iria além de repassar informação alheia. Não vale a pena para o aluno conviver com essa figura, porque nada lhe diz sobre os desafios do futuro. Como não vai sobreviver na Idade Média, mas no turbilhão caótico da complexidade pós-moderna e em mercados alucinados, o que aparece na sala de aula é, em grande parte, bolor, sucata, resto.

Quando escola/universidade não sabem ler o mundo ou mantêm estratégias ultrapassadas para lidar com o mundo, este lhes escapa, deixando para os alunos a sensação de vazio para sempre. Nada ou quase nada aprendem, muito menos aprendem a aprender.

Alguns desafios cruciais do porvir poderiam ser assim delineados:

Mudança

Mudança mudou, evolução evoluiu. Estamos retornando a uma visão grega de Heráclito, para muitos o fundador da dialética, quando propunha que "tudo flui" *(panta rei)*, sendo a condição natural mudar, não permanecer fixo. O modernismo, conduzido pela "ditadura do método"[16], assumiu a natureza como dado fixo, não-histórico, à qual se poderiam aplicar diretamente esquemas de ordenamento matemático reversível. Isso é possível apenas naquilo que tem de linear, já que toda dinâmica apresenta contornos recorrentes, assim como o corpo humano contém estruturas do genoma[17].

O computador atual, seguindo a visão de Turing, procede de modo algorítmico seqüencial, lógico e sintático, admitindo tratamento apenas daquilo que pode ser expresso em zero e um. Esse procedimento é potente, como mostrou a própria história da tecnociência[18].

Mas, retornando à noção de "dialética da natureza"[19], mesmo no meio de fantástica polêmica *(science war)*, muitos diriam que, na natureza, o mais natural é mudar de maneira incessante e aberta. Apelando para termos como estruturas dissipativas, flecha do tempo, imprecisão e dialética, Prigogine oferece uma abordagem epistemológica inovadora, na medida em que permite entender que mudança mudou, evolução evoluiu.

Em certo sentido, há uma natureza "dada", porque não encontramos um vazio, mas uma matéria ou equipamento que consegue evoluir, assim como todo ser humano nasce com um equipamento dado. Por exemplo, nasce com cérebro, órgão evoluído natural e historicamente, podendo realizar certas tarefas e não outras, dentro de características dadas/herdadas. O computador detém poder mais amplo de processamento e estocagem de informação, embora não possa ainda interpretar como o cérebro.

Entretanto, há quem afirme de boca cheia que, "certamente, a natureza humana é fixa. É universal e não muda, comum a todo bebê que nasce, através de toda a história de nossa espécie"[20].

Cronin distingue natureza humana fixa de comportamento humano, que,

> *gerado por esta natureza, é interminavelmente variável e diverso. No todo, regras fixas podem dar azo a uma gama inesgotável de resultados. A seleção natural nos equipou com regras fixas – as regras que constituem nossa natureza humana. E designou que tais regras gerem o comportamento que é sensível ao meio. Assim, a resposta ao determinismo genético é simples. Se quiser mudar o comportamento, mude o meio. E para conhecer que mudanças seriam apropriadas e efetivas, precisa saber tais regras darwinianas. Precisa apenas entender a natureza humana, não mudá-la.*[21]

Essa maneira de ver, aparentemente brutal, ao negar mudanças de dentro para fora, ou pela aprendizagem autopoiética, aceita que regras fixas podem produzir resultados não-fixos, mas sempre dentro de uma "*hidden order*" (ordem escondida), ou seja, prevalece ao final uma estruturação fixa[22].

É conhecida a posição de Harris[23] de que a natureza *(nature)* é mais decisiva do que a educação *(nurture)*, aludindo, em momentos mais excitados de sua obra, ao papel secundário dos pais no desenvolvimento dos filhos. É muito conhecido também o questionamento de Pinker[24] da tábula rasa, entendida como "moderna negação da natureza humana".

Certamente, não é correta a expectativa comum entre educadores de que se pode inventar o que bem se entende na aprendizagem. Por exemplo: fazer de um aluno sem ouvido musical um virtuoso de violino. Entretanto, essa visão positivista ao extremo não apreende que, mesmo procedendo a metodologia científica pela via do ordenamento lógico-experimental, resulta daí não a reprodução espelhada da realidade, mas uma maneira de reconstruí-la. Reconstruímos, pela via da padronização, uma realidade que contém dinâmicas não padronizáveis[25]. O que o método capta é um mapa da montanha, não a montanha, e isso por razões autopoiéticas e hermenêuticas[26].

Parece evidente que nos deparamos com polêmicas insolúveis sobre a natureza, persistentes durante toda a história da humanidade, razão pela qual é vão pretender dirimi-las. Enquanto Cronin admite a fixidez da natureza, outros preferem ver nela fluxo complexo não-linear.

A pesquisa de gênero tomou, hoje em dia, o rumo da interpretação das diferenças sexuais como sócio-historicamente construídas e cada vez mais embaralhadas, por conta da crise dos limites e das dicotomias. Isso não nos impede, obviamente, de reconhecer equipamentos diversificados, ou seja, até certo ponto, uma natureza masculina e outra feminina, sempre dentro de um fluxo incontido, cujos contornos futuros não poderíamos adivinhar. Discutindo as diferenças naturais entre homem e mulher, Cronin assim especula:

> *Para uma mulher, desemprego significa perda de trabalho; para um homem, significa perda de* status*. E essa diferença combina com outras diferenças sexuais para impactar mulheres e homens de modos muito diferentes, à medida que as portas do emprego se fecham. Assim, por exemplo: um homem de* status *baixo é um parceiro de baixo* status*; terá dificuldade maior para encontrar uma parceira. E ainda maior para mantê-la; casais nos quais a mulher ganha mais do que o marido tendem mais ao divórcio. Ele também corre maior risco de que os filhos não sejam seus; paternidade equivocada é só de 1% entre homens americanos de* status *alto, mas é de 30% entre homens desempregados, excluídos, morando no centro da cidade. E ainda há o risco de violência doméstica; provém do ciúme sexual masculino, o* status *baixo é fator potente para mover o maquinário psicológico do ciúme para grandes ímpetos.*
>
> *Ainda mais, como em muitas outras espécies, descer de* status *tem impacto severo na saúde e longevidade do macho (mas não nas da fêmea). E, de novo como em outras espécies, quando o futuro parece sem auspícios, machos (mas não-fêmeas) tendem a assumir riscos [...].*[27]

Dificilmente as pesquisas pós-modernas sobre o gênero aceitariam tal "folclore" como natureza humana, porque aí se contam as peripécias históricas de uma história concreta, não propriedades imutáveis da natureza masculina ou feminina, até porque essa distinção também está em xeque.

Parece, com certeza, muito mais impressionante o que está mudando, por exemplo, na constituição familiar e no relacionamento sexual, do que aquilo que pareceria permanente. No mínimo, o ritmo de mudança acelerou perdidamente, a ponto de nos vermos, cada vez mais, dominados por ele. Dois são os pontos de interesse nessa discussão:

a)

~ as tecnologias sempre tiveram esse signo da intervenção na natureza, mas agora chegamos à condição de interferir na própria natureza humana, através das engenharias biológicas principalmente;

~ como sempre, trata-se de processo aberto e arriscado, uma soma "não-zero"[28], através da qual o destino humano pode ser em parte construído e também destruído;

~ a natureza foi capaz de gerar seres cujo controle lhe escapa, realizando de maneira prodigiosa a promessa da "emergência" – de condições iniciais dadas, chegar a outras condições posteriores que não estariam desenhadas antes, ocorrendo visível salto qualitativo, criativo, alternativo;

~ a matéria não se restringe a processos materiais lineares, porque contém em si dimensões não-materiais, o que teria permitido, por exemplo, a formação do cérebro, no qual "a matéria se torna imaginação"[*][29];

---

* *How matter becomes imagination* – subtítulo do livro de Edelman & Tononi (2000).

b)

- ~ advindo o ser humano com sua habilidade lingüística, sintática e semântica, foi possível o desenvolvimento das tecnologias, uma capacidade própria, produzida de modo reconstrutivo, autopoiético e, portanto, não-artificial;
- ~ se ainda usamos esse termo (inteligência artificial) é porque continuamos, de certa forma, a admitir alguma fixidez da natureza;
- ~ se admitirmos que a natureza seja potencialidade aberta, o que nela se pode gerar é natural, também os ciborgues, por isso mesmo, a dimensão virtual é real, não-artificial, simulada, fantasmagórica;
- ~ como ocorre com a dinâmica transbordante da natureza, no ser humano está se tornando viável – assim parece – gerar entidades tão ou mais inteligentes que nós mesmos, cujo controle nos poderia escapar;
- ~ a natureza demorou por volta de cinco bilhões de anos para chegar ao atual estágio evolucionário, mas nós temos a esperança de que, pelas novas tecnologias, esse tempo pode ser encurtado ao extremo, desde que as simulações em computador, pela via virtual, possam fazer parte da realidade.

Esse espectro poderia sugerir que, de fato, a mudança mudou. O torvelinho das mudanças nos pega em cheio e já não sabemos o que será de nós. Isso mostra também que o nível de consciência atingido pelo ser humano não implica capacidade de controle e autocontrole, a não ser em amplitude restrita. Por trás, mantém-se a noção da tecnociência de que não há necessidade de se postular qualquer referência não-natural ou imaterial, para dar conta das transformações, do que seguiria também que estas são absolutamente naturais. Podem nos assustar muito e podemos nelas desaparecer, mas fazem parte deste mundo que habitamos. Não somos nele "reis da natureza", mas apenas um ente entre outros possíveis.

Segue que saber lidar com mudança parece ser desafio da hora, tanto para retirar dela o que mais importa quanto para humanizá-la. Se tudo muda de forma cada vez mais rápida e profunda, torna-se tanto mais incompreensível uma escola/universidade parada no tempo. As aulas que aí se encenam são do tempo do Onça.

Identidades

A identidade humana, no plural, constitui-se no fluxo e permanece em fluxo[30]. Quer isso dizer que as identidades se mantêm porque mudam, sendo esta a única maneira de permanecermos idênticos. Do ponto de vista dialético, não haveria como manter fixa a natureza, precisamente porque não é natural. Essa questão foi muitas vezes pomo da discórdia entre pesquisadores que preconizavam a preservação das identidades como peças intocáveis, e outros que consideravam que elas eram fluidas no tempo.

Por exemplo, a respeito dos índios, há ainda um discurso fortemente voltado para a sua preservação original, do que segue, entre outras coisas, a "reserva indígena". Sem dúvida, os índios precisam de proteção por parte da sociedade dita civilizada, porque, senão, seriam destruídos, sobretudo pelas forças do mercado capitalista.

Entretanto, todo grupo humano muda no tempo naturalmente, mesmo que em velocidade muito pequena (sociedades primitivas), implicando a confluência de dois movimentos dialéticos: ao construir cultura própria, o grupo acerta uma identidade inconfundível, não havendo a mínima possibilidade de duas culturas serem idênticas; submetida à evolução e ao tempo, toda cultura se dilui também, tanto por forças externas ambientais quanto por forças internas advindas da criatividade própria.

Não é idéia adequada pretender manter os índios fora do tempo e do espaço, também porque não é projeto deles. Ao mesmo tempo que querem manter sua cultura, querem participar das mudanças. Nestas podem perder-se e em parte não há como não se perder, porque todo processo de mudança não permite controle propriamente. Mudança controlada, no fundo, não é mudança. As instituições preservam sua identidade, por vezes, a ferro e fogo.

Bova, discutindo o tema da imortalidade, afirma que

> *as instituições humanas são inerentemente conservadoras. Lei, religião, costumes sociais, todas as instituições humanas estão enraizadas na necessidade de prover base firme e estável para as interações sociais. Como sistemas biológicos, as sociedades humanas buscam fazer o melhor possível para evitar mutações e guardar as formas básicas intactas.*[31]

Mas ele admite que há outra dimensão na sociedade que não é conservadora:

> *Essa instituição é a ciência. Por sua própria natureza, a pesquisa científica está sempre mudando a sociedade ao descobrir*

novas coisas, inventar novas idéias. Enquanto todas as outras instituições são essencialmente voltadas para trás, tentando preservar o passado, a pesquisa científica está inerentemente voltada para frente, buscando o futuro, tentando achar o que poderia existir depois da próxima colina.[32]

Bova anota que o lado conservador também é importante, para evitar que a sociedade se desintegre, como reconhece Bauman[33], quando garimpa na comunidade a busca por segurança no mundo atual. Precisamos de identidade, pelo menos de alguma ilusão de eternidade, mas, na natureza e na história, todas as identidades fluem, de sorte que sua permanência é questão de mudança.

Entre as instituições que mais resistem à mudança está a escola, hoje talvez mais renitente que religião, família, patriarcado[34]. Trata-se de contradição performativa inacreditável, porque a escola tende a vender-se ao público como instituição devotada à mudança[35]. Enquanto imagina ser fonte inesgotável de inovação social, em especial referência do desenho de qualquer futuro, ela se quer intocável, valendo a mesma observação para a universidade[36]. Mantém-se na verdade medieval, como atesta Manguel, ao analisar os métodos de ensino e leitura medievais, escolásticos.

[...] a escolástica tornou-se um método de preservar idéias e não de trazê-las à tona. No Islã, serviu para estabelecer o dogma oficial; uma vez que não havia concílios ou sínodos islâmicos com tal propósito, a concordia discordantium, *a opinião que sobrevivia a todas as objeções, tornava-se ortodoxia [...]. Em essência, o método escolástico consistia em pouco mais do que treinar o estudante a considerar um texto*

de acordo com certos critérios preestabelecidos e oficialmente aprovados, os quais eram incutidos neles à custa de muito trabalho e muito sofrimento. No que se refere ao ensino da leitura, o sucesso do método dependia mais da perseverança do aluno que de sua inteligência.[37]

O método escolástico dominava também as universidades, voltadas muito mais para o disciplinamento do corpo e da mente. Segundo Manguel, "a vara de vidoeiro, tanto quanto o livro, seria o emblema dos professores durante muitos séculos"[38]. Compreensão e principalmente interpretação e elaboração próprias não eram exigência do conhecimento, entendido como matéria a ser decorada.

Seguindo o método escolástico, ensinavam-se os estudantes a ler por meio de comentários ortodoxos, que eram o equivalente às nossas notas de leitura resumidas. Os textos originais – fossem os dos 'Pais da Igreja' ou, em quantidade muito menor, os dos antigos escritores pagãos – não deveriam ser apreendidos diretamente pelo aluno, mas mediante uma série de passos preordenados. Primeiro vinha a lectio, *uma análise gramatical na qual os elementos sintáticos de cada frase seriam identificados; isso levaria à* littera, *ou sentido literal do texto.*
Por meio da littera *o aluno adquiria o* sensus, *o significado do texto segundo diferentes interpretações estabelecidas. O processo terminava com uma exegese – a* sententia –, *na qual se discutiam as opiniões de comentadores aprovados. O mérito desse tipo de leitura não estava em descobrir uma significação particular no texto, mas em ser capaz de recitar e comparar as interpretações de autoridades reconhecidas, e, assim, tornar-se 'um homem melhor'.*[39]

Observando a imensa maioria das aulas de hoje, é difícil evitar o reconhecimento de que o método escolástico ainda predomina como base do instrucionismo vigente. Expressa menos as dificuldades dos alunos do que a mediocridade institucional. Manter essa identidade medieval não é propósito natural e histórico, mas teimosia de uma instituição dedicada à aprendizagem, mas que não sabe aprender.

Contradições

Como parte da dinâmica não-linear, mas igualmente ambivalente, do conhecimento, nem todos que sabem pensar apreciam que outros também saibam. A guarda, por vezes canina, do conhecimento ainda parece predominar sobre sua marca disruptiva. Prevalece certo espírito religioso que teme mudanças, porque nelas se perderia a fé.

É claro que, por razões éticas, é fundamental as pessoas saberem questionar as mudanças, porque grande parte delas é produto mercantilista, não havendo qualquer razão para sacrificar o ser humano no altar do mercado. Mas uma coisa é saber questionar para melhor participar, e outra coisa é apenas resistir. A contradição maior está na convivência incômoda de tendências disruptivas do conhecimento e de movimentos constantes de censura. Parece maldição, a maldição do paraíso, quando Adão e Eva caíram na tentação da serpente e comeram da "árvore do conhecimento", porque queriam ser como Deus. Embora expulsos do paraíso, abrigaram a capacidade extraordinária de saber pensar, através da qual se meteram a enfrentar a tudo, inclusive seu criador.

Com efeito, conhecer não é afirmar e confirmar, mas questionar. Seu primeiro gesto e mais característico é desconstruir o que existe e o que ele mesmo afirma. Apenas depois, pensa em reconstruir, para de novo desconstruir. Alguns chamam isso de *potencialidade disruptiva*, para indicar a energia indomável do saber pensar. No fundo do conhecimento lateja vibrante a rebeldia humana, encontrando aí uma das fontes mais fecundas de sua autonomia.

Por meio do conhecimento disruptivo, o ser humano desprende-se de suas amarras, fraquezas, carências, incompletudes, imperfeições, porque pode descobrir as razões delas e agir sobre elas. Por exemplo, não pode voar, em razão de não ter anatomia para isso. Mas, colocando a cabeça para pensar, tanto fez que hoje voa, não com asas próprias, mas com equipamentos tecnológicos adequados. Uma vez parecia impossível que a mulher pudesse ter controle sobre seu aparelho reprodutor. Com o desenvolvimento de tecnologia biológica, hoje praticamente concebe quando quer e se quiser.

Conhecer é energia do confronto, através da qual o ser humano pode recusar-se a aceitar o que quer que seja, transformando – muitas vezes temerariamente – todos os limites em desafios, como se pudesse ultrapassar a todos. É limitado, sofre, envelhece, morre, mas faz de conta que é um deus, mesmo com pés de barro. Esconde-se aí imensa soberba: o pecado original, que muitos pensam ter sido sexual, foi na verdade de empáfia exorbitante[40].

A contradição está nisto: como pode a casa do conhecimento disruptivo ser a casa da resistência às mudanças provocadas pelo conhecimento? Como podem professores que sabem pensar não saberem inovar-se? Por estar encravada no processo evolucionário e histórico, a habilidade de conhecer é inesgotável e persistente, assumindo agora ritmo frenético, cada vez mais frenético.

Enquanto as novas gerações parecem tomar a mudança como reviravoltas normais no tumulto da vida, as anteriores parecem preferir a calmaria. A diferença maior está nisto: as gerações anteriores sabem que a mudança é inevitável, mas procuram manter controle sobre ela; as novas gerações têm a coragem de aderir às inovações sem pedir seu controle, desafiando perder-se no torvelinho.

Assim, parece que as novas gerações são mais "naturais", porque, como a natureza, não titubeiam em aceitar inovações sem exigir qualquer controle. Viver é uma empreitada de risco, essencialmente. Ao mesmo tempo, no mundo virtual, essas aberturas parecem ser naturais, visto que, mesmo em ambiente algorítmico, estritamente alinhado a seqüências digitais, os jovens parecem "navegar" soltos num mundo que sequer insiste na corporeidade. Arriscam-se facilmente, assim como a criança que, pela primeira vez, acessa o computador, mas parece estar diante de velho parceiro. Atirando para todos os lados no teclado, acaba rapidamente descobrindo como a máquina reage e, logo, põe-se em intensa interatividade com ela.

Aparentemente é estranho: como uma máquina linear e digital poderia provocar tamanha sensação de liberdade? É porque o exercício de navegação não pode prescindir de regras, mas o espaço resiste a regras, de tal sorte que a *net* não tem dono nem chefe. Sem donos nem chefes, mudanças fluem melhor.

Por que inovadores profissionais detestam inovar-se é um certo enigma, que se pode tentar elucidar pela auto-referência humana: entendendo a realidade a partir de si, de como sentidos e mente reconstroem a realidade, nunca desaparece o temor de não dar conta dela, já que não se tem, diretamente, sua reconstrução mental. Por isso, é fácil inventar mudanças para os outros, e difícil aceitar que se apliquem a si mesmo.

É isso que faz dos professores os agentes mais contraditórios de mudança que se conhece, porque não cumprem o que pregam. Essa hipocrisia contamina escola e universidade e faz de seus produtos, no fundo, produtos religiosos. Oriundos da liberdade de pensar – não se pode fazer boa ciência sem liberdade de criação –, são oferecidos sem liberdade de pensar. Coisas do método escolástico, como diria Manguel[41].

Assim, o turbilhão de inovações tecnológicas, resultado da tecnociência, escapou das mãos da escola e da universidade para ambientes mais abertos, entre eles, o mercado. A universidade tende a tornar-se *knowledge factory* (fábrica do conhecimento) a serviço do mercado e dos militares[42].

Os professores parecem mais criadores arrependidos, porque sua criatura os supera e sequer lhes dá bola. Não atinaram para a potencialidade disruptiva, que não pode – para ser precisamente disruptiva – ser controlada. Uma das marcas mais altissonantes da sociedade intensiva de conhecimento é sua explosão indomável, por mais que o mercado liberal tente mantê-la sob controle[43].

No começo do modernismo, a ciência nascente lutou com todas as forças para livrar-se da censura e da ignorância. Hoje, virou de lado: em vez de apostar na habilidade desconstrutiva e reconstrutiva do conhecimento, prefere censurá-la. Aí temos uma das raízes mais comprometedoras do instrucionismo, porque apenas reforça o sentido reprodutivo da educação[44]. Não é diferente da manha do mercado: quer um trabalhador que sabe pensar, mas até a qualidade formal; a qualidade política, que coloca em xeque o próprio mercado, está proibida.

Assim: inovação seria o forte da escola/universidade, desde que não se exigisse isso delas mesmas. É imenso o prejuízo para os alunos porque, despreparados para dar conta das inovações tempestuosas e caudalosas, vão para a vida como se esta fosse uma sala de aula. Os diplomas, cada vez mais, apenas atestam esse atraso.

Distância geracional

Por incrível que pareça, a geração posterior é gerada na anterior. Há ligação aparentemente direta que está se perdendo na celeridade das mudanças. Há um tempo, essa ligação era forte e entre as gerações notava-se diferença mínima, sem falar que o processo de socialização sempre se moveu no sentido de reproduzir a mesma sociedade, com seus valores, normas e papéis[45]. Hoje as novas gerações vêem as anteriores não só como etapas anteriores, mas como etapas vencidas. Esse distanciamento esconde ironia eterna: os jovens de hoje serão os idosos de amanhã.

Em certo sentido, haveria mais o que esquecer do que guardar. Em especial, quando os jovens percebem que os pais não lidam bem com as novas tecnologias, o desapontamento é instantâneo, indicando que eles já ficaram para trás. Esse lance não desfaz a importância dos pais para os filhos, mas inspira questionamentos crescentes.

Em sociedades mais avançadas e com traços culturais liberais, a distância já se nota mais intensa, por exemplo, na dificuldade crescente que os pais idosos têm de receber apoio dos filhos. A noção de "grande família" já terminou há algum tempo.

Entre os idosos, sedimenta a idéia de que, antes que os filhos os abandonem, devem, por iniciativa própria, procurar uma solução que, em geral, é um asilo. Pais abandonados pelos filhos poderão ser marca profunda de uma nova etapa social, situação agravada também pela distância de estilos de vida, bastando citar a discriminação digital que não atinge somente os pobres, mas igualmente a todos que não conseguem mais se inserir nesse ambiente eletrônico[46]. Ao lado disso, as novas gerações terão que conviver com o peso crescente dos idosos na sociedade e na economia, já que eles, ao se tornarem o segmento mais populoso, sobrecarregam a previdência, os sistemas de saúde, a assistência, a par de constituírem novas demandas educacionais, culturais e econômicas.

No Brasil, de acordo com dados do Ibge[47], idosos com 60 anos ou mais de idade eram 8,6% (Censo de 2000), cifra relativamente pequena, quando comparada aos 22,3% no Japão, 23,1% na Itália, 21,8% na Alemanha, 20,4% na Inglaterra, 19,7% na França, 15,9% nos Estados Unidos.

Na América Latina, o Uruguai aparece com o maior percentual, 17,1%, seguindo-se Argentina, 13,2%, Cuba, 13,0% e Chile, 10,1%. Os números indicam, com referência ao Brasil, que é forte a tendência à feminização, em especial nas regiões mais avançadas (no Sudeste 56,3% e no Sul 55,3% eram mulheres idosas). "As implicações da feminização da velhice em termos sociais são notórias, dado que grande parte das mulheres é viúva, vive só, não tem experiência de trabalho no mercado formal e é menos educada."[48]

Para as novas gerações, desenham-se no horizonte grandes desafios, entre eles: i) tendência a permanecer dependente da família por mais tempo, porque é preciso estudar mais e empregos se rarefazem; ii) proliferação de novas formas de família, distintas da tradicional, podendo ocorrer que cada irmão tenha pai ou mãe diferente; iii) ambientes cada vez mais marcados por poucos irmãos (na família) e por poucos parceiros da mesma idade (fora da família), dada a queda da taxa de natalidade; iv) acentuação perceptível de comportamentos sociais diferenciadores (roupas, música, diversão, gangues), por vezes chocantes em sociedade; v) assédio crescente do mundo das drogas; vi) predominância, em caso de morte, de eventos violentos, em especial do trânsito.

Esse rosário provavelmente irá aumentar, mas o que mais chama a atenção é a distância eletrônica, porque ela condiciona, em grande parte, os modos de ser atuais, desde produção de representações sociais próprias (gíria do computador, por exemplo) até inserção no mercado. Não é o caso valorizar tudo, porque o mundo virtual pode ser tão ou mais banal que outros mundos, mas veio para ficar[49].

Por tais razões, insiste-se hoje no desenho de políticas voltadas para crianças e adolescentes, pelo menos verbalmente*.

---

* Consta na Constituição, art. 227: "É dever da família, da sociedade e do Estado assegurar à criança e ao adolescente, com absoluta prioridade, o direito à vida, à saúde, à alimentação, à educação, ao lazer, à profissionalização, à cultura, à dignidade, ao respeito, à liberdade e à convivência familiar e comunitária,

O que se tem chamado de discriminação digital *(digital divide)* refere-se em geral aos pobres alijados do mundo digital, mas caberia também ao distanciamento entre crianças e adolescentes que dominam a linguagem digital e outras gerações que estão mais ou menos fora.

Conseqüência particularmente drástica aparece na escola. Os professores, em sua maioria, não se inserem adequadamente no mundo digital, por muitas razões, entre elas: má formação original, falta de formação permanente, carência de recursos para ter computador e acesso à internet, currículos defasados e ambientes escolares atrasados.

Tabela 2 – Freqüência de professores com alguns acessos digitais – 2002

Acessos digitais	Diariamente	3 ou 4 vezes por semana	1 ou 2 vezes por semana	A cada 15 dias	Nunca
Participa de lista de discussão através do correio eletrônico	1,5	1,6	2,6	4,9	89,3
Usa correio eletrônico	9,1	8,4	10,5	12,4	59,6
Navega na internet	7,3	8,9	12,6	12,7	58,4
Diverte-se com seu computador	9,9	9,3	14,6	12,4	53,9

Fonte: UNESCO. **O perfil dos professores brasileiros:** o que fazem, o que pensam, o que almejam. Brasília: Unesco, 2004. p. 98.

---

além de colocá-los a salvo de toda forma de negligência, discriminação, exploração, violência, crueldade e opressão". Criança e adolescente são a única 'prioridade absoluta', ainda que verbal (DEMO, P. **Pobreza da pobreza.** Petrópolis: Vozes, 2003).

Analisando os dados contidos na tabela 2, pertinente à inserção de professores no mundo digital, concluímos que 89,3% deles não participavam de lista de discussão através de correio eletrônico, indicando que a aprendizagem digital é para eles quase que totalmente estranha, embora sempre se possa alegar que esse tipo de procedimento de aprendizagem ainda seja recente, em especial no Brasil. A cifra de quase 90% de exclusão insinua que os professores não fazem parte do mundo digital das crianças e dos adolescentes, por mais que tal inclusão continue elitista num país como o nosso.

Quase 60% dos professores não usavam correio eletrônico e apenas 9% o utilizavam diariamente. Embora tais cifras possam indicar também que a inclusão estaria aumentando (cerca de 40% já tinham algum acesso), revelam distância muito expressiva e, com ela, a inadequação flagrante da escola frente ao mundo que espera os jovens.

Cerca de 58% não navegavam na internet, ocorrendo com esse item algo semelhante ao anterior, e quase 54% não se divertiam com seu computador, situação indicativa, de um lado, de que tal equipamento ainda é de difícil acesso e, de outro, que, mesmo havendo computador em casa, o professor não despertou interesse por ele.

Essa mesma pesquisa revela, ainda, que os professores mantêm um "certo pessimismo em relação às novas gerações", conforme pode ser observado na tabela 3.

Tabela 3 – Proporção de docentes, segundo opinião sobre a fragilização ou o fortalecimento de valores entre os jovens – 2002

Valores	Fortalece-se	Mantém-se estável	Enfraquece-se	Não sabe
Compromisso social	20,5	18,7	57,4	3,3
Responsabilidade	20,9	15,0	62,3	1,9
Sentido de família	21,9	14,6	61,6	1,9
Seriedade	18,7	18,5	60,3	2,4
Espiritualidade	22,6	20,9	52,1	4,3
Honestidade	21,1	24,9	50,4	3,5
Amor à liberdade	52,3	27,1	17,6	3,0
Identidade nacional	21,9	32,2	41,8	4,1
Generosidade	20,5	31,8	44,3	3,4
Sentido do dever	18,4	19,6	59,3	2,6
Respeito aos mais velhos	17,8	14,7	65,4	2,1
Cuidado com a natureza	33,9	21,3	42,4	2,5
Sentido de justiça	27,1	23,9	45,6	3,5
Tolerância	16,1	19,2	61,8	3,0
Ser esforçado	21,2	23,6	52,1	3,1

Nota: Respostas não são excludentes.

Fonte: UNESCO. **O perfil dos professores brasileiros:** o que fazem, o que pensam, o que almejam. Brasília: Unesco, 2004. p.153.

Tomando em conta os cinco valores que, segundo a opinião dos docentes, mais vêm se enfraquecendo entre os jovens (acima de 60%), podemos analisar como segue.

Em primeiro lugar, como valor que mais se enfraqueceu, aparece "respeito aos mais velhos", com 65,4%, denotando fortemente a distância geracional. Esta pode ter causas muito diversas, de ambas as partes: por parte dos jovens, podem ter algum peso leis recentes de proteção à criança e ao adolescente, por vezes mal interpretadas, como salvo-conduto para qualquer coisa, e, por vezes, também abusadas por adultos que se aproveitam, por exemplo, da inimputabilidade abaixo dos 18 anos, para fins escusos; por parte dos idosos, pode ter peso considerável a insistência em avaliar a nova geração com base na mais velha, do que pode seguir, entre outras coisas, que a nova estaria "se perdendo".

O valor seguinte mais enfraquecido é "responsabilidade", com 62,3%, insinuando que os docentes aplicam à nova geração conceito de responsabilidade mais condizente com sua própria época, tendencialmente moralista, deixando de perceber modos próprios de responsabilidade juvenil.

O terceiro valor em declínio é "tolerância", com 61,8%, denotando traço preocupante, ainda mais se observarmos que é o valor com menor porcentagem (16,1%) de fortalecimento. Aponta aí certa tendência da nova geração de ser "dona da verdade", o que pode vir reforçado por competências digitais que a velha geração não possui.

O quarto valor decadente é "sentido de família", com 61,6%, em grande parte por razões óbvias, porque se fôssemos buscar responsáveis, estariam entre os adultos, não entre os jovens.

O quinto valor enfraquecido é "seriedade", com 60,3%, revidando, possivelmente, avaliação exageradamente centrada na própria história do docente, negligenciando que as motivações anteriores podem não ser as mesmas para os jovens. Apareceram ainda com cifras acima de 50%: "sentido do dever" (59,3%); "compromisso social" (57,4%); "espiritualidade" (52,1%); "ser esforçado" (52,1%) e "honestidade" (50,4%).

Entre os valores que se fortaleceram, o maior, com 52,3%, é o "amor à liberdade", uma bandeira tradicionalmente atribuída aos jovens, seguindo-se "cuidado com a natureza", com 33,9%, outra bandeira que cresce entre eles, certamente por conta de seus desafios e oportunidades futuros.

Professores

Não há apenas um distanciamento por parte das novas gerações, como os dados acima sugerem, existe também por parte da geração anterior, como podemos observar na tabela 4. Perguntados sobre fatores que influenciam na aprendizagem dos alunos, os docentes atribuíram o maior peso (78,3%) ao "acompanhamento e apoio familiar", seguindo-se "relação professor/aluno" (53,9%). Somente em terceiro lugar (31,9%) aparece a "competência do professor", o que deu azo à constatação da Unesco:

> *Esses dados indicam claramente que os professores ainda transferem a responsabilidade do sucesso da aprendizagem dos alunos para fatores que escapam à sua ordem de competência. Essa opção fortalece uma concepção conservadora de educação, que mantém a instituição escolar e o corpo docente numa posição intocável – qualquer tipo de fracasso é atribuído ao que está aparentemente fora dela: os alunos e suas famílias.*[50]

Tabela 4 – Proporção de docentes segundo fatores que influem na aprendizagem – 2002

Gestão da escola	Acompanhamento e apoio familiar	Competência do professor	Nível econômico e social da família do aluno	Infra-estrutura, equipamento e condições físicas da escola	Relação professor/aluno
9,7	78,3	31,9	7,1	14,8	53,9

Nota: Nas respostas, foram indicados os dois fatores mais importantes.
Fonte: UNESCO. **O perfil dos professores brasileiros:** o que fazem, o que pensam, o que almejam. Brasília: Unesco, 2004. p. 119.

A cifra de 31,9% de docentes que reconhecem problemas na competência do professor indica que há docentes conscientes de suas carências, mas a percentagem referente ao acompanhamento e ao apoio familiar é muito mais que o dobro (78,3%). A crítica da Unesco parece correta, desde que não se invente "culpa" do professor, sem falar que na tabela fazem muita falta outros fatores externos, como pobreza familiar, condição de marginalização socioeconômica de grande parte da população e ambiente neoliberal. Ao mesmo tempo, tendo obtido "relação professor/aluno" a cifra muito alta de 53,9%, indicaria dificuldades de relacionamento por parte dos docentes, um problema que está aumentando, porque, no mínimo, as linguagens e as expectativas se distanciam muito.

Embora a dificuldade crescente de relacionamento não se restrinja, em absoluto, ao desafio digital, a pesquisa da Unesco pode oferecer alguns elementos para esta análise, conforme tabela 5.

Tabela 5 – Proporção de docentes, por renda familiar mensal e existência de computador ou acesso à internet em casa – 2002

	até 2 SM	Mais de 2 a 5	Mais de 5 a 10	Mais de 10 a 20	Mais de 20	Total
Computador – Sim	2,8	22,1	52,5	76,2	91,7	49,5
Não	97,2	77,9	47,5	23,8	8,3	50,5
Internet – Sim	66,7	52,8	67,5	80,9	89,7	73,0
Não	33,3	47,2	32,5	19,1	10,3	27,0

Nota: SM=Salários Mínimos.

Fonte: UNESCO. **O perfil dos professores brasileiros:** o que fazem, o que pensam, o que almejam. Brasília: Unesco, 2004. p.122.

Primeiro, parece claro que a condição socioeconômica dos docentes é crucial para a existência em casa de computador e internet: enquanto 49,5% disseram ter computador em casa e 73,0% ter acesso à internet, para o total, no caso dos docentes com renda familiar mensal acima de 20 salários mínimos, essas cifras sobem para 91,7% e 89,7%. Quase todos os docentes (97,2%) com renda familiar mensal de até 2 salários mínimos não tinham computador em casa. Já entre os docentes com renda familiar mensal acima de 20 salários mínimos, somente 8,3% não tinham computador em casa.

No caso de uso da internet, embora a pergunta se referisse à existência de acesso à internet em casa, os dados não parecem muito congruentes, porque, se quase nenhum dos docentes com renda familiar mensal de até 2 salários mínimos tinha computador em casa, é estranho que 66,7% dissessem ter acesso à internet. De todo modo, essa ação não supõe, necessariamente, computador em casa, pois o acesso pode ocorrer em inúmeros outros lugares, inclusive na escola, o que o torna bem mais comum (73%). Somente 27% dos docentes ainda não tinham acesso à internet.

Deixando de lado essa incongruência da pesquisa, os dados indicam, em segundo lugar, que os docentes tendem a valorizar computador e internet, embora encontrem em sua condição socioeconômica grande obstáculo. Quase metade dos docentes tinha computador em casa e 73% deles tinham acesso à internet. Entretanto, em terceiro lugar, temos de reconhecer que, tratando-se de profissionais que lidam com informação e conhecimento como sentido de suas vidas, tais cifras são ainda miseráveis e ecoam mal na relação professor/aluno.

Todavia, conforme pode ser visualizado na tabela 6, os docentes deram a entender que estariam relativamente abertos às novas tecnologias, embora efeitos indesejáveis das novas tecnologias se correlacionem também com os níveis de renda familiar mensal: quase 30% dos docentes com renda familiar mensal de até 2 salários mínimos afirmaram que elas "vão substituir parcialmente o trabalho dos professores nas aulas", enquanto essa cifra cai para 17,9% entre docentes com renda familiar mensal de mais de 20 salários mínimos.

Quase 20% dos docentes com renda familiar mensal de até 2 salários mínimos opinaram que as novas tecnologias "vão promover uma desumanização do ensino e das instituições pedagógicas", enquanto apenas 13,1% entre docentes com renda familiar mensal acima de 20 salários mínimos assim se pronunciaram.

Provavelmente, aparece aí o peso de processos formativos mais qualitativos entre docentes que podem investir mais em sua formação, enquanto docentes mais pobres, além de tenderem a freqüentar cursos menos qualitativos e mais encurtados, temem pelo impacto em suas aulas, pois, como regra, só sabem dar aula.

No entanto, são altas as cifras referentes a impactos positivos das novas tecnologias, entre 85% e 91% dos professores: "São recursos que facilitarão o trabalho dos professores nas aulas" (90,8%); "Vão criar facilidades para os alunos" (86,5%); "Permitirão melhorar a qualidade da educação e da aprendizagem"; "Vão ampliar as oportunidades de acesso ao conhecimento por parte dos alunos" (ambas com 85%).

Também entre professores com rendimentos mais baixos, tais cifras são significativas (entre 81% e 88% nos docentes com renda familiar mensal de até 2 salários mínimos), elevando-se um pouco entre os docentes mais bem aquinhoados socioeconomicamente (entre 85% e 90%).

Podemos interpretar, com devida cautela, que as novas tecnologias já se impõem como realidade vigente e crescente, não cabendo mais resistir, simplesmente. O fato de os docentes mais pobres também manterem visão positiva dos efeitos das novas tecnologias indica que elas interferem na vida de todos, não havendo qualquer possibilidade de pensar, ler a sociedade fora desse contexto.

Pessoas mais ricas, mas igualmente também as mais pobres, podem estar "marginalizadas", mas serão incluídas, ainda que na margem, nessa condição. Por isso, é importante entender que o mundo digital divide em termos dialéticos:

as pessoas, por mais pobres que possam ser, estarão imersas na sociedade informacional, ainda que grande parte delas na margem. Não estão propriamente fora nem são descartáveis, porque fazem parte do sistema dialeticamente[51].

Tabela 6 – Proporção de docentes, por renda familiar mensal e opinião sobre efeitos das novas tecnologias de informação na educação – 2002

Efeitos	Até 2 SM	Mais de 2 a 5	Mais de 5 a 10	Mais de 10 a 20	Mais de 20	Total
Vão substituir parcialmente o trabalho dos professores nas aulas	29,8	24,3	23,9	20,3	17,9	23,1
Vão promover uma desumanização do ensino e das instituições pedagógicas	19,5	17,3	17,7	14,9	13,1	16,7
Vão criar facilidades para os alunos	86,0	84,6	86,4	88,0	90,3	86,5
São recursos que facilitarão o trabalho dos professores nas aulas	88,4	89,9	91,6	91,3	90,3	90,8
Permitirão melhorar a qualidade da educação e da aprendizagem	81,4	84,4	84,9	86,4	85,5	85,0
Vão ampliar as oportunidades de acesso ao conhecimento por parte dos alunos	81,4	84,4	84,9	86,4	85,5	85,0

Nota: SM=Salários Mínimos.

Fonte: UNESCO. **O perfil dos professores brasileiros:** o que fazem, o que pensam, o que almejam. Brasília: Unesco, 2004. p. 123.

Embora a opinião dos docentes já se oriente pela valorização dos efeitos das novas tecnologias, devemos levar em conta não tanto a opinião como a situação concreta, tal qual observado na tabela 2: grande parte dos docentes não participava de lista de discussão através de *e-mails*, não usava *e-mail*, não navegava na internet, não se divertia com seu computador.

Levando em conta tais dados, os docentes tendem a fantasiar as coisas, talvez em decorrência de formação muito deficiente nessa área das novas tecnologias: acham que são importantes, porque as vêem como avalanche por sobre as cabeças, mas nem por isso as adotam ou as valorizam na sua prática docente. Isso certamente dificulta o relacionamento com os alunos, não só em sentido mais frontal com aqueles que estão inseridos no mundo digital, como também com a imensa maioria que ainda está distante, pois o docente que não lida com tais tecnologias de modo adequado não favorece a superação da *digital divide*.

Segue, acima de tudo, a importância da formação original e permanente dos docentes, sem falar em remuneração que pudesse permitir acesso crescente às novas tecnologias. Por isso, quando o docente reage negativamente frente ao aluno, seja em termos de valores que eles estariam perdendo, seja com respeito ao mundo digital, deixa de perceber sua parcela de responsabilidade. Os alunos possuem sempre o atenuante de que, em sua condição de estudantes, têm direito a professores devidamente habilitados e atualizados.

A ambigüidade desses resultados da Unesco, menos que revelar coleta duvidosa dos dados, assinala a própria ambigüidade dos professores. Até certo ponto percebem que a mudança mudou, mas não se sentem aptos a enfrentá-la. Por isso, quando perguntados se consideram as novas tecnologias importantes para a aprendizagem dos alunos, grande parte respondeu afirmativamente. Mas, quando perguntados até que ponto usam tais tecnologias, os índices de utilização continuaram muito baixos, por vezes inacreditavelmente baixos. Aparecem, então, duas lacunas preocupantes:

~ em relação aos alunos inseridos na realidade digital, porque os docentes, como regra, postam-se muito atrás, em condição amplamente defasada; em parte por deficiência de formação, mas também como problema próprio de sua geração – o manejo das habilidades virtuais é difícil, por vezes evitado, outras acanhado, havendo também os que disso se afastam[52];
~ em relação aos alunos excluídos da realidade digital, porque, faltando habilidades requeridas nos docentes, essa exclusão é aprofundada, à medida que as escolas (geralmente públicas) se colocam à margem das novas tecnologias, reduzindo-se a procedimentos ainda mais instrucionistas[53].

Mercado

O sentido da educação não é o mercado, mas faria ainda menos sentido se ignorasse o mercado. Apareceram muitas mudanças nesse cenário ultimamente, que vão desde a globalização competitiva, até significados outros do trabalho. Para o marxismo original, trabalho seria a categoria central da vida das pessoas, única fonte do valor, razão pela qual alienação para Marx é, acima de tudo, alienação do trabalho[54]. Passando da mais-valia absoluta para a relativa, entra em cena o trabalho inspirado em ciência e tecnologia, acarretando mudanças profundas nas relações de produção[55].

Primeiro, a demanda por trabalho braçal reduz-se crescente e celeremente[56], já que a informatização de processos produtivos avança sem parar[57].

Segundo, entre outras motivações, também faz parte da volta do liberalismo (neoliberalismo), na medida em que protagoniza a prevalência do capital sobre a cidadania, à revelia do *welfare state*. Ao tempo que se desregula o mercado, regula-se a cidadania, acentuando a subserviência desta frente àquele. Políticas sociais, mesmo sob o epíteto dos direitos, tornam-se apenas distributivas (distribuem as sobras orçamentárias), fugindo de qualquer impacto redistributivo[58].

Terceiro, incha-se ainda mais o exército de reserva, à medida que nele se incluem pessoas cada vez mais educadas/instruídas, por força da seletividade voraz do mercado. Para entrar no mercado de maneira promissora, é mister estudar muito, loucamente, mas isso não é garantia, já que, em parte, apenas agrava a concorrência: hoje, no exército de reserva, não brigam entre si desempregados despreparados, brigam também pessoas dotadas, por vezes, de preparação sofisticada.

Muitos vão dizer que, dentro do capitalismo, é inviável propor políticas sociais minimamente decentes, tendo em vista a lei da mais-valia[59]. Entretanto, para não incidir em imobilismo útil, é importante arquitetar alternativas a partir de dentro, até porque toda mudança mais profunda vem de dentro, como também sugere a biologia[60].

É preciso levarmos em conta que, em mercados atrasados como o nosso, até certo ponto, qualquer diploma serve, porque, em geral, não se busca competência refinada. Por exemplo, quando se contrata um economista, provavelmente ele vai realizar alguma atividade relacionada à economia, mas não necessariamente nem exclusivamente, razão pela qual o contratante nem sempre se interessa em averiguar se o diploma do contratado provém de universidade de primeira linha ou não.

Na prática, esta é a esperança da maioria dos jovens diplomados: que o mercado se satisfaça com diplomas pouco inspirados, para não dizer alarmantemente defasados. Mesmo aí, contudo, começam a surgir preocupações com mudanças cada vez mais velozes no mercado que, por razões de lucro, é impiedoso com profissionais defasados e mais velhos. Muda o sentido da profissionalização, entendida menos como domínio reproduzido de conteúdos do que como habilidade de saber pensar para desconstruir e reconstruir novos conteúdos.

Os indivíduos, dentro de mercados ágeis, vorazes, exigentes e competitivos, precisam, acima de tudo, aprender a aprender, para dar conta de novos desafios que podem pipocar a cada momento, em geral, inesperadamente. Algumas habilidades tornaram-se chave, como saber pensar, em primeiro lugar, mas igualmente saber inglês e informática. Criatividade frente a desafios é condição fatal, embora não provenha do uso de escutar aulas, tomar notas e fazer provas. O ambiente das salas de aula está já completamente defasado do ambiente produtivo de mercado, ainda que disso não decorra que a escola deva adotar como sentido da educação o mercado. Digo apenas que não há correspondência mínima, para prejuízo flagrante dos alunos.

Para a escola, restam desafios ingentes e contraditórios:

- sob pressão dos alunos e dos pais, que pleiteiam ocupar um lugar na universidade pública gratuita de alto nível, o ensino médio fica sob a égide do vestibular, em ambiente absurdamente instrucionista, porquanto, se o filho não passar no vestibular, não há "saber pensar" que mereça atenção; muitos professores percebem essa contradição e vivem angustiados, porque isso lhes retira o tapete sob os pés;
- a ironia é que, mesmo passando no vestibular, que não é nenhum critério de qualidade da formação, o estudante continua despreparado para a vida e também para o mercado, já que mesmo este não pode manter empregado alguém que apenas sabe reproduzir informação; o êxito no vestibular pode não passar de uma vitória enganosa, fraudulenta;
- olhando o futuro dos jovens, o estilo de formação mais promissor parece ser o socrático[61], inequivocamente fundado na habilidade de saber pensar, para não só dar conta dos desafios atuais, mas principalmente saber desconstruir e reconstruir soluções sempre passageiras.

Dentro desse cenário, temos de reconhecer que escola e universidade estão a anos-luz de distância de tais habilidades[62], tendo em vista o instrucionismo que as devora. Até hoje e apesar dos intensos debates, a aprendizagem é pouco questionada na prática escolar e universitária, persistindo a crença vagabunda de que aula basta. Não se reconhece a necessidade peremptória da pesquisa e da elaboração própria, a importância crucial da habilidade de argumentar e contra-argumentar, a propriedade formativa do saber pensar. Cursos tendem a ser encurtados, porque se imagina que o mercado assim sugere, quando, na verdade, apenas se engrossa o exército de reserva.

Como propõe Duderstadt[63], os jovens aprendem de outras maneiras: gostam da realidade digital, apreciam ambientes mais soltos e caóticos, mais barulhentos e movimentados, preferem trabalhar em grupo. Principalmente, não suportam mais as nossas aulas*. Ao contrário do que se supõe, também o mercado as suporta cada vez menos, porque, mesmo negando qualidade política, exige qualidade formal.

Por mais que seja ambígua essa condição, não se escapa de reconhecer, entre outras coisas, a inoperância de cursos rápidos e instrucionistas, hoje em voga. Se a razão dos cursos for apenas instrucionista ou de treinamento, como, por exemplo, digitar textos, talvez bastem, mas se o desafio for saber manejar com autonomia dimensões mais amplas da informática, não condizem em absoluto. Em certo sentido, tais cursos encurtados e reprodutivos representam táticas perversas de evitar que as pessoas pensem, não indo além de socializar subservientemente para o mercado.

Essa discussão ganhou ultimamente novos desafios, em especial com relação aos professores básicos. Como se sabe, a "semana pedagógica" tornou-se, por sugestão da nova ldb (Lei de Diretrizes e Bases da Educação), programa quase obrigatório pelo País afora. Preconiza-se aí que o professor precisa de formação continuada. Dados recentes, porém, não abonam essa expectativa, como se pode observar na tabela 7.

---

* Veja dois textos, ao final deste livro, de Amon Narciso de Barros, os quais representam reação já típica do bom aluno dos tempos atuais.

Tabela 7 – Proficiência média dos alunos por série e disciplina, segundo cursos de pós-graduação e formação continuada do professor – Saeb/2001

Capacitação	Disciplina					
	Língua Portuguesa			Matemática		
	4ª EF	8ª EF	3ª EM	4ª EF	8ª EF	3ª EM
Sem pós-graduação	158.42	233.80	266.08	181.43	252.27	260.72
Extensão	171.69	245.83	275.64	190.43	269.72	277.31
Aperfeiçoamento	173.14	243.33	274.37	188.01	259.28	268.94
Especialização	170.88	238.49	275.35	190.90	257.98	267.11
Mestrado	180.05	262.74	299.59	187.75	261.81	282.08
Doutorado	178.94	281.43	308.19	176.75	–	355.25
Sem atividade de formação continuada nos últimos dois anos	161.50	235.81	264.71	172.17	247.40	261.49
Com atividade de formação continuada nos últimos dois anos	165.52	237.45	271.71	177.35	253.21	265.14

Nota: EF= Ensino Fundamental; EM= Ensino Médio.

Fonte: INEP. **Resultados do Saeb-2003.** Brasília: Inep/mec, 2004. p. 40. Disponível em: <www.inep.gov.br>. Acesso em: nov. 2005.

Primeiro, parece claro que o aluno aprende bem melhor se estuda com professores que fizeram cursos de pós-graduação *lato sensu*. Em particular, na 4.ª série do ensino fundamental, em língua portuguesa, e mais ainda com respeito à matemática (nas três séries avaliadas), a proficiência do aluno é bem superior, quando os professores fizeram cursos de extensão, aperfeiçoamento e especialização. Essa melhoria acentua-se mais ainda com curso de pós-graduação *stricto sensu*, sobretudo em matemática.

Chama a atenção, por exemplo, que a proficiência dos alunos na 3.ª série do ensino médio foi de 260.72 com professores sem pós-graduação, mas de 355.25 com professores doutorados. Daí segue, com nitidez insistente, que é de utilidade extrema para o aluno estudar com professores que fazem cursos longos.

Segundo, quando a comparação é feita entre professores com atividade de formação continuada e sem atividade de formação continuada, a diferença da proficiência dos alunos é muito pouco significativa, indicando tratar-se de investimento no mínimo duvidoso.

Assim, as semanas pedagógicas não influenciam a aprendizagem dos alunos, reduzindo-se a procedimentos tendencialmente inoperantes nesse sentido. A razão maior é que nessas semanas os docentes se submetem, em geral, a conferências, ou seja, a aulas, escutam, tomam algumas notas, e, voltando para a sala de aula, continuam fazendo o que sempre fizeram.

Cursos mais longos que impliquem de direito e de fato formação permanente induzem o docente a mudar sua visão e prática da aprendizagem, capacitando-o melhor a tomar a sério a aprendizagem do aluno. Os dados do Saeb indicam flagrantemente que continuamos a fazer em sala de aula o que estamos fazendo há séculos, ou seja, não cuidamos da aprendizagem dos alunos, apenas continuamos a dar aula[64].

Em vista disso, é preciso reconhecer que persiste lacuna preocupante entre os docentes, porque, a par de todas as mazelas externas, que dificultam/impedem a aprendizagem dos alunos, existe o despreparo visível, tanto em termos de formação original quanto permanente. Não seria incorreto afiançar que grande parte dos docentes não está à altura dos alunos, pelo menos de suas necessidades e expectativas, quer frente à vida, quer frente ao mercado.

Em 2003, apenas 3% dos alunos brasileiros tiveram desempenho adequado em matemática na 8.ª série do ensino fundamental. Evidentemente, os alunos não se preparam minimamente para enfrentar o mundo que os espera, em especial exigências de habilidades matemáticas, entre as quais se incluem as informacionais. Como sugere Infante, "em vez de uma formação para um trabalho específico ou para um posto determinado de trabalho, fala-se hoje, principalmente, em formação para a vida de trabalho"[65].

Aprendizagem digital

Cabe afirmar, desde logo, que a aprendizagem digital veio para ficar. Para os jovens já são favas contadas: reduzir a aprendizagem à presença física é medievalismo, já que presença virtual é simplesmente outra maneira de estar presente. Com isso, os termos vão mudando. *Educação a distância*, provavelmente, é expressão fora de lugar, porque dá a impressão equivocada de que a outra educação não teria distância, já que feita na presença do professor. Aí já começa o equívoco: para estudar, estar ou não na presença do professor é coisa totalmente irrelevante, se este for apenas um instrutor[66]. Nesse caso, estar diante de uma parabólica daria no mesmo.

Os cursos tendem a distinguir entre aqueles feitos com predominância de presença física e outros com predominância virtual, sendo ideal unir, sabiamente, ambos. Não podemos forçar a presença física, porque, no extremo, consagra a aula e, com esta, o instrucionismo, fazendo do professor um capataz. Certamente, o aluno, quando lê e estuda, não precisa estar na presença do docente, assim como o aluno de mestrado/doutorado não escreve sua dissertação ou tese na frente do orientador. Não podemos, porém, forçar a presença virtual, visto que o contato físico é essencial para educação de qualidade.

Entretanto, parece que, se algum lado vai predominar, será o virtual. A razão maior não é tanto comodidade, como o formato mais flexível e instigador da aprendizagem, conforme diria Duderstadt[67]. Embora exija, normalmente, maior maturidade do aluno (porque estuda sem maiores controles), essa condição pode tornar-se um trunfo, pois favorece a construção da autonomia, sendo seu fácil abuso razão nenhuma para condenar[68].

Vai tornando-se comum a constatação de que aulas são perda de tempo[69], não só porque sua grande maioria não é mais que transmissão reproduzida de informação reproduzida e ultrapassada, mas principalmente porque a dinâmica da aprendizagem não tem na aula sua referência mais profunda[70]. As graduações vão migrando rapidamente para o mundo virtual, o que também vai empurrando a educação a distância para o uso da nova mídia[71].

> 'E-learning' *(aprendizagem digital) parece tornar-se o ambiente mais comum de aprendizagem, ainda que, no contexto*

brasileiro, isso soe muito longínquo. Mas, como as novas tecnologias se impõem, por bem (porque são capazes de enriquecer muito a aprendizagem) ou por mal (pela via de sua mercantilização), não há como ficar de fora.

Essa consideração é da maior gravidade, porque atinge igualmente as populações mais pobres. Serão incluídas também, porque, sendo parte integrante da dialética socioeconômica, são incluídas pela exclusão, ou seja, nas margens do sistema. Assim como quem está desempregado é parte do sistema, estar fora do acesso digital é modo de pertença pela via da marginalização. Mesmo que as crianças pobres não possam ter acesso ao mundo digital, neste vão viver, como próceres ou como lacaios.

Temos aí problemas de toda ordem, desde a situação periférica na globalização competitiva, o atraso tecnológico, até a formação muito deficiente dos docentes, que, em sua grande maioria, não possuem habilidade mínima para lidar com o mundo digital, não tanto como ferramenta digital, mas principalmente como suporte possível da aprendizagem.[72]

O grande risco é replicar, na aprendizagem digital, o mesmo ambiente instrucionista[73], como se sua missão básica fosse "aprimorar" a aula. Essa tentação é comum, por exemplo, na teleconferência, tendo em vista que pode ser atraente, bem organizada e dinâmica, permitindo ainda alguma interatividade. Todavia, não passa de aula. Sua finalidade é apenas informativa, não é formativa. Como argumenta Prensky[74] em favor da aprendizagem digital com base em jogos eletrônicos, temos tudo para galgar um outro patamar da aprendizagem mais profunda, dinâmica e atraente, bem como afundar tudo no instrucionismo.

O cenário que se desenha parece indicar que, em breve, os estudantes já não se sentirão motivados a freqüentar escola/universidade para escutar aula. Isso pode ser feito virtualmente, com grandes vantagens, porque é possível manter algum controle pessoal (estudar na hora, no lugar, no contexto que se quiser, mais rápido ou mais devagar, sozinho ou em grupo). A comodidade não será, porém, o trunfo maior. Este se refere a modos alternativos de aprender, mais dinâmicos, excitantes e interativos, que o mundo virtual mais facilmente oferece. A própria facilidade que crianças têm no manejo do computador, para espanto dos adultos, sugere que esse ambiente lhes é bem mais atraente.

Não se pode reduzir aprendizagem a brincadeira de computador, mas é fútil querer evitar que aprendizagem possa também ser brincadeira. Por exemplo, antigamente, para trabalhar em grupo, era mister encontrar-se na casa de alguém, supondo deslocamento físico das pessoas. Agora, isso está superado: os jovens estão juntos virtualmente, quanto quiserem, tornando-se esse tipo de convivência virtual condição marcante de sua aprendizagem. Isso não pode encobrir os riscos, já que, na tradição instrucionista, tudo pode logo decair para plágios e trambiques, mas aí entra em especial o papel socrático do professor.

Antigamente, a busca de informação era coisa mais ou menos braçal, implicando ir de seca a Meca (visitar bibliotecas, sobretudo). Agora, podemos ter tudo pela internet, rápida e facilmente. Informação, em grande medida, não é mais problema. Mas é problema, problema extremo saber o que fazer com a informação.

Com isso, torna-se também claro que o papel socrático do professor não é questionado. Muito ao contrário. Questionado é o professor que só dá aula, porque é figura que já não faz mais parte do mundo da aprendizagem atual. O professor vai tornando-se orientador, *coach*, no sentido de alguém que orquestra as atenções e as energias e as potencializa, não como alguém que comanda, determina e impõe. Não deixa de ser irônico, em certo sentido: quanto mais avançam as novas tecnologias, mais a visão socrática se consolida[75].

Tecnociência

Como assinala Gray[76], as novas tecnologias são os filhos mais recentes da tecnociência. Não pretendo aqui fazer propaganda da *hybris* (soberba) modernista, mas é importante que a escola possa introduzir os alunos nesse horizonte de maneira crítica e autocrítica. Os mais entusiasmados falam hoje de "novos humanistas"[77], sob a perspectiva de que os humanistas tradicionais estão definitivamente superados. Sem meias palavras, assim se expressa Brockman:

> *Uma educação dos anos 50 em Freud, Marx e o modernismo não é qualificação suficiente para uma pessoa pensante hoje. De fato, os intelectuais americanos tradicionais são, num sentido, crescentemente reacionários e muitíssimas vezes orgulhosamente (e perversamente) ignorantes de muito dos feitos intelectuais verdadeiramente significativos de nosso tempo. Sua cultura, que descarta a ciência, é muitas vezes não-empírica. Usa seu próprio jargão e lava sua própria lavanderia. É principalmente caracterizada pelo comentário do comentário, a espiral inflacionária de opinião eventualmente atingindo o ponto no qual o mundo real se perde.*[78]

O que Brockman chama de *nova cultura* "consiste daqueles cientistas e outros pensadores no mundo empírico que, através de seu trabalho e publicação expositiva, tomaram o lugar do intelectual tradicional para tornar visível os significados mais profundos de nossas vidas, redefinindo quem e o que somos".[79]

Ao lado desses cientistas cresce um público educado, interessado no mundo real e nos desdobramentos incessantes das novas descobertas: desenvolvimentos revolucionários na biologia molecular; engenharia genética; nanotecnologia; inteligência artificial; teoria do caos; paralelismo massivo; redes neurais; o universo inflacionário; fractais; sistemas adaptativos complexos; lingüística; supercordas; biodiversidade; o genoma humano; sistemas de espertos; equilíbrio pontuado; autômatos celulares; lógica difusa; realidade virtual; ciberespaço e máquinas *teraflop*.

Enquanto a cultura tradicional gira em torno de idéias requentadas, não se liga em controles lógico-experimentais, não estuda procedimentos metodológicos, a ciência vai, metodicamente, abrindo fronteiras e oferecendo respostas mais pertinentes às nossas questões. Brockman defende otimismo duplo da ciência:

> *Primeiro, quanto mais se faz ciência tanto mais há por fazer. Os cientistas estão constantemente adquirindo e processando nova informação. Esta é a realidade da lei de Moore – assim como tem havido a duplicação do poder de processamento do computador a cada oito meses nos passados vinte anos, assim também os cientistas adquirem informação exponencialmente. Só podem estar otimistas. E, segundo, muito da informação*

nova é ou boa nova ou nova que pode tornar-se boa graças ao conhecimento sempre implícito e às ferramentas e técnicas sempre mais eficientes e poderosas.
Os cientistas debatem continuamente e a realidade é a prova. Podem ter egos exaltados, tais como aqueles possuídos pelas figuras icônicas das humanidades acadêmicas, mas manejam sua hybris *de um modo muito diferente. Podem estar movidos por argumentos, pois trabalham num mundo empírico de fatos, um mundo baseado na realidade [...]. Ao contrário dos acadêmicos humanistas que falam um dos outros, os cientistas falam sobre o universo.* [80]

Brockman faz-se a expectativa de que pelo menos parte dos humanistas tradicionais mude de atitude e passe a aderir a esse mesmo ambiente científico, para que suas idéias possam ser testadas com base em coerência lógica, poder explicativo, conformidades com fatos. Não é o caso submeter-se a autoridades intelectuais, porque

as idéias de cada um podem ser desafiadas e entendimento e conhecimento se acumulam através de tais desafios. Os novos humanistas não estão reduzindo as humanidades aos princípios biológicos e físicos, mas acreditam que arte, literatura, história, política – uma multidão inteira de preocupações humanistas – precisam tomar a sério a ciência. [81]

Esse choque de culturas, que muitos retratam como guerra das ciências, mostra de novo que, mais que dicotomias, é mais inteligente procurar complementaridades. De fato, muitos jovens se perguntam, por exemplo, por que estudar Camões.

Onde, na vida das pessoas, hoje, entraria Camões? Acham, porém, imprescindível aprender computação, porque isso é que faz parte da vida, é quase a própria vida.

Os professores antigos procedem mal, quando querem impor Camões aos jovens, porque nada imposto de fora se torna formação. Teriam, para conseguir que os jovens estudassem Camões, que reconstruir esse texto na linguagem dos jovens, o que já supõe que os professores conheçam e saibam usar a linguagem dos jovens. De repente, um soneto de Camões traduzido em linguagem digital, combinando texto e imagem, talvez pudesse interessar, desde que o professor tivesse a habilidade digital suficiente.

Da parte dos jovens, a fascinação pelas novas tecnologias é apressada, redundando muitas vezes em desprezo por patrimônios passados. Não é o caso aceitar isso, porque, se o professor é alienado, não menos o aluno. A escola precisa buscar compromissos interativos, quase um pacto no qual ambas as partes aceitem aprender uma com a outra. Com isso, não precisa desaparecer a poesia na vida do jovem, mas antes há que inventar a poesia da escola, que também anda muito perdida. O diálogo de surdos não leva a nada.

Brockman representa o otimismo acrítico e nisto não aprendeu nada dos percalços do pretenso progresso humano, em geral, orientado para a prepotência e capturado pelo mercado. Há muita baboseira nas humanidades, pelo fato de que aí os discursos mais facilmente correm soltos, mas não há menos na ciência, porque, sob a capa hipócrita de neutralidade e objetividade, impõe valores eurocêntricos para o planeta.

Posturas pós-modernas – não menos polêmicas e por vezes alucinadas[82] – podem ter esta virtude: acrescentar, ao lado da crítica modernista contra todo e qualquer argumento de autoridade, a autocrítica com base na autoridade do argumento.

Brockman parece supor que atitude crítica possa ser mera resistência ignorante. Saber pensar é, acima de tudo, saber questionar. Há certamente pouco questionamento na ciência quando se aposta tudo no progresso, esquecendo o sofrimento acumulado na humanidade por conta do conhecimento científico abusado. Uns vão logo dizer que isso decorre do mau uso. Entretanto, na práxis histórica, é inviável distinguir sempre acuradamente entre teoria e prática, também porque não interessaria conhecimento que fosse apenas teoria. A relevância concreta da tecnociência é que ela representa, hoje, a alavanca mais decisiva das mudanças[83].

Junto com as novas tecnologias é mister iniciar os jovens na tecnociência, porque suas vidas serão cada vez mais pautadas por ela. Urge formá-los de tal modo que possam entrar nesse jogo como jogadores críticos e autocríticos, não como objetos de manipulação alheia.

Tema fundamental é trabalhar a politicidade das tecnologias[84], porque sua importância na sociedade provém das mudanças que supõem e impõem. Como filhas do saber pensar, as novas tecnologias precisam expressar, inequivocadamente, o saber pensar crítico e principalmente autocrítico[85].

Mais que nunca vale a máxima socrática: *Quanto mais sei, mais sei que pouco sei*. Assim é: quem não sabe pensar acredita no que pensa; mas quem sabe pensar questiona o que pensa.

Precisamos de jovens que apreciem a tecnociência porque a sabem devidamente questionar.

Motivações

As motivações são, atualmente, outras. Se antes disciplina e esforço eram virtudes, agora preferimos liberdade e diversão. Os jovens não entendem por que estudar precisa ser tão enfadonho, em particular o fato de a realidade digital ser tão atraente e, no entanto, não fazer parte da sala de aula ou substituir a aula. Essa expectativa juvenil é constituinte da fase, porque o lúdico lhes é natural. Em especial, se levássemos em conta a biologia de uma criança de seis a sete anos, não haveria aula para dar, já que o cérebro não está formatado para esse tipo de atitude e esforço, ou seja, ficar um tempo longo escutando um adulto falar. Os lapsos de atenção são pequenos, tornando-se imprescindível ambiente movimentado, lúdico, comunicativo, interativo, precisamente como é o ambiente virtual.

Experiências indicam que as crianças aprendem bem melhor em ambientes de aconchego lúdico e dinâmico, sem aulas, mas com intensa movimentação em torno de tarefas escolares feitas individualmente e em grupo[86].

A situação de sala de aula – crianças perfiladas, umas atrás das outras, em silêncio, escutando e copiando matéria, controladas – não é natural, mas inventada pelos professores. Pode ser bom para eles, mas péssimo para os alunos. Em parte, provém daí o desgosto por ir à escola.

Entretanto, a questão motivacional precisa ser tomada com devida cautela. Primeiro, motivação para aprender e aprender implica atividades diferentes, ainda que devam estar intimamente conectadas. É freqüente que se invista esforço enorme em motivação (há hoje uma indústria em torno disso, em geral, à sombra de autores como Goleman[87]), sem levar em conta que alunos e professores podem não estar em condições para aprender, assim como não vale a pena aprimorar a motivação para dar ou escutar aula.

Segundo, as teorias não sustentam banalizações comuns em torno da motivação, em particular a noção apressada de que somente se aprende com prazer. Este não é a referência central da motivação, embora possa ser atrativo fundamental, mas envolvimento intenso. Os alunos precisam envolver-se, sentir-se envolvidos, valorizar o envolvimento, mesmo quando não estejam propriamente sentindo prazer, pelo menos prazer imediato.

Há diferença profunda entre valorizar o envolvimento e confundi-lo com prazer. O desafio de aprender, tomado em sua profundeza mais intensa, implica esforço, renúncia, dedicação, sistematicidade, insistência, do que pode resultar enorme prazer. Podemos tomar como exemplo o alpinista que quase morre para subir a montanha, despende esforço por vezes sobre-humano, mas, ao chegar, diz sentir prazer indizível.

Terceiro, não segue dessa argumentação que o aluno aprenderia melhor se o fizéssemos sofrer, como é comum no método escolástico. Professores draconianos, trogloditas, autoritários, agressivos, que se deliciavam em reprovar alunos, eram tidos, uma vez, como exemplares, porque, acima de tudo, eram disciplinadores. Aprendemos que isso não vale nada, porque não é educativo nem formativo. É fundamental que o professor consiga, no contexto do envolvimento, elaborar condições favoráveis de atividades agradáveis, atraentes.

Quarto, como recomendam alguns analistas, a busca de motivações escusas recebe, desde sempre, a denominação de "pão e circo", para indicar a tática de alegrar para alienar*. É comum que professores apelem para jogos, dramatizações, encenações e declamações, com o objetivo de movimentar o ambiente, mas podem fazê-lo de maneira incompetente ou açodada, tornando a brincadeira mais importante que a aprendizagem. Quando se usam jogos, por exemplo, os professores precisam apresentar argumentação adequada da vinculação deles com a aprendizagem do aluno, para não se restringir a passatempo.

Quinto, certas experiências motivacionais já se esgotaram, como aquelas da qualidade total, destinadas a produzir nos empregados de uma empresa um sorriso constante no rosto, encobrindo as condições de trabalho. É bom que todos na empresa (escola) estejam sempre dispostos ao trabalho, manifestem alegria da convivência, saúdem-se, suportem-se e complementem-se, mas não vale esconder que os reais ganhos de causa ficam com o dono da empresa ou com o sistema. É nesse contexto que se questionam experiências, por vezes chamadas de dinâmica de grupo, por meio das quais se busca incutir emoções fortes nos participantes de seminários ou encontros, com o objetivo de conseguir adesão intensa. Sempre que o espírito crítico é arrefecido, resta alguma imbecilização.

---

* É fundamental "criticar o discurso lúdico que não remete ao polêmico". (BARRETO, R. G. Novas tecnologias na escola: um recorte discursivo. In: ________. (Org.). **Tecnologias educaionais e educação a distância:** avaliando políticas e práticas. Rio de Janeiro: Quartet, 2003. p. 189).

Tema hoje candente é a noção comum na escola de que os alunos "não querem nada". De fato, se fôssemos dar ouvidos a suas queixas contra a escola, aulas, docentes, diretores e ambientes escolares, não haveria mais o que fazer aí. Também os docentes alimentam visão pessimista com relação aos jovens, considerando-os desmotivados. Todavia, parte da indisciplina sempre alegada pode provir dessa desmotivação, porque é sempre muito difícil manter quietos alunos desmotivados. Acresce que, advindo a legislação de proteção à criança e ao adolescente, conquista fundamental da sociedade democrática e do estado de direito, as liberdades aumentaram e podem facilmente ser confundidas com libertinagem. Em todo o mundo, o problema da indisciplina é preocupante. Há certamente uma reação natural a tempos de autoritarismo grotesco da escola e dos professores.

Sem pretender dar conta de tamanho imbróglio, mas observando os jovens de hoje, a primeira constatação é que, longe de estarem desmotivados, o que ocorre é que se motivam por outras coisas. Por exemplo, não gostam de ler na escola, mas lêem freneticamente tudo que lhes interessa, em especial com referência ao mundo virtual – computador, internet, nova mídia.

Nesse sentido, enganam-se os professores, redondamente. Motivados eles estão, apenas não pelo que motiva os professores. Quando se encontram em seus ambientes próprios, seja em grupos de amigos, seja em grupos virtuais, a motivação é indescritível, atingindo níveis preocupantes, por exemplo, quando o adolescente já não sai da frente do computador.

Voltamos aqui ao distanciamento geracional: o que nos motiva não motiva necessariamente os jovens. Por exemplo, pode nos parecer estranho que os jovens estudem em ambiente barulhento ou que apreciem mais o *funk* do que música clássica. Pode nos assustar que, entrando no quarto de um jovem, tudo pareça estar de ponta cabeça ou que ele goste de se vestir de outras maneiras, usar adereços e brincos e de falar gírias.

Entretanto, se tomarmos em conta as liberdades conquistadas por eles e agora legisladas, seria de se estranhar o contrário. Naturalmente, desenvolvem uma linguagem própria, estilos de comunicação, de se vestir e de ser. A escola, a princípio, em vez de reclamar, deveria saber conviver com isso, também em nome das teorias sobre multiculturalidade. Como anota Santos[88], se tivermos generosidade para aceitar que toda manifestação cultural é incompleta, todas poderiam aceitar serem completadas por outras. Com os jovens também poderíamos aprender, em especial, que mudança exige abertura e disposição.

Quanto ao desafio da leitura, as motivações mudaram enormemente. Os jovens não lêem literatura e poesia, usualmente. Não é que não lêem nada. Como vivemos numa sociedade que nos cerca por todos os lados com material impresso, também na televisão lemos – em termos de volume – muito mais que antigamente. Ainda, lemos mais facilmente jornais, revistas e uma infinidade de materiais impressos distribuídos no supermercado, nas esquinas, nas portarias etc.

Os jovens lêem principalmente *e-mails*, participam de *chats*, trocam de tudo nos *blogs*, imergem no ciberespaço através de rotas infinitas, todas carregadas de mensagens escritas. Ao final, lêem muito. O problema é ler bem.

Na era informacional, como questiona Lash[89], padecemos de desinformação, tanto pela via do entupimento obsessivo quanto pela da dispersão incontrolável, sem falar nas ideologias de fundo. Estas aparecem ostensivamente na propaganda e no *advertising*, cujo objetivo é sempre muito mais que informar, ou seja, provocar adesão, senão dependência. Por isso mesmo, estão quase sempre entre os produtos "mais criativos" da televisão: sua meta é conseguir que o consumidor consuma na ilusão de que está decidindo por si, quando está, na verdade, sendo teleguiado.

Dispor de muita informação nem de longe significa estar bem informado, porque estar bem informado supõe, acima de tudo, saber lidar com informação de maneira reconstrutiva, interpretativa. Antigamente, o ícone da leitura era o livro, um produto duradouro, quase um monumento em si e que podia ficar ainda mais importante com o decorrer dos anos. Hoje a leitura predominante é a descartável, válida por um dia (jornal, por exemplo) e, no caso da televisão, a informação é renovada em ritmo cada vez mais veloz, *in real time*, de preferência.

Nesse contexto, o papel da escola é monumental. Ao lado de motivar o aluno a ler literatura, porque continua relevante (para saber pensar, cultivar as identidades históricas e culturais, exercitar interpretações atualizadas), precisa tanto mais construir habilidades de leitura *up to date*: saber ler jornais e revistas, saber interpretar os noticiários televisados, saber navegar criticamente na internet, saber lidar com o turbilhão de informações disponíveis eletronicamente.

É fundamental educarmos o jovem para que saiba perceber a desinformação promovida na informação, os riscos de instrucionismo avassalador na internet, os encurtamentos úteis dos noticiários, a imbecilização possível nas novelas e nos programas de televisão, além do ambiente mercantilista da nova mídia[90].

Contraler há de ser desafio da hora, para que não sejamos destruídos como sujeitos. Ao mesmo tempo, cabe relevar os lados positivos de tantas leituras, pois indicam inúmeras maneiras, geralmente mais motivadoras, de se constituírem sujeitos que lêem para se tornarem autores.

Já não se aceita que a nova mídia seja apenas alienação nem que a televisão seja o vilão da agressividade dos jovens[91]. Há infinita potencialidade formativa na nova mídia, desde que se saiba colocar as coisas em seu devido lugar: nova mídia é instrumento, como tal não educa, porque educar é relação humana.

referências *por capítulo*

referências *por capítulo*

Introdução

1 Damásio, A. R. **O erro de Descartes:** emoção, razão e o cérebro humano. Rio de Janeiro: Companhia das Letras, 1996.

Damasio, A. **The feeling of what happens:** body and emotion in the making of consciousness. New York: Harcourt Brace & Company, 1999.

Gardner, H. **Estruturas da mente:** a teoria das inteligências múltiplas. Porto Alegre: Artes Médicas, 1994.

Goleman, D. **Inteligência emocional:** a teoria revolucionária que redefine o que é ser inteligente. Rio de Janeiro: Objetiva, 1996.

2 Kohn, A. **The schools our children deserve:** moving beyond traditional classrooms and "tougher standards". New York: Houghton Mifflin Company, 1999.

3 Frigotto, G. **La productividad de la escuela improductiva.** Buenos Aires/Madrid: Miño y D'Ávila, 1998.

Capítulo 1

1 Demo, P. **Argumento de autoridade x autoridade do argumento.** Rio de Janeiro: Tempo Brasileiro, 2005.

2 Freire, P. **Pedagogia da autonomia:** saberes necessários à prática educativa. Rio de Janeiro: Paz e Terra, 1997.

3 Inep. **Resultados do Saeb-2003.** Brasília: Inep/MEC, 2004. Disponível em: <http://www.inep.gov.br>. Acesso em: nov. 2005.

4 Demo, P. **Aprendizagem no Brasil:** ainda muito por fazer. Porto Alegre: Mediação, 2004.

5 Geempa. **Prova ampla:** só ensina quem aprende. Disponível em: <http://www.plug-in.com.br/~geempa>. Acesso em: nov. 2005.

6 Soares, M. **Alfabetização e letramento.** São Paulo: Contexto, 2004.

7 Inaf. 2001/2004. Disponível em: <http://www.ipm.org.br>. Acesso em: nov. 2005.

8 Ribeiro, V. M. (Org.). **Letramento no Brasil.** São Paulo: Global, 2003.

Fonseca, M. C. F. R. **Letramento no Brasil:** habilidades matemáticas. São Paulo: Global, 2004.

9 Demo, P. **Saber pensar.** São Paulo: Cortez, 2000.

__________. **Argumento de autoridade x autoridade do argumento.** Rio de Janeiro: Tempo Brasileiro, 2005.

10 Frigotto, G. **La productividad de la escuela improductiva.** Buenos Aires/Madrid: Miño y D'Ávila, 1998.

Demo, P. **Sociologia da educação:** sociedade e suas oportunidades. Brasília: Plano, 2004.

11 Demo, P. **Política social do conhecimento:** sobre futuros do combate à pobreza. Petrópolis: Vozes, 1999.

12 Böhme, G.; Stehr, N. **The knowledge society:** the impact of scientific knowledge on social relations. Boston: D. Reidel Publishing Company, 1986.

13 Duderstadt, J. J. **A university for the 21st millennium.** Ann Arbor: The University of Michigan Press, 2000.

Lash, S. **Crítica de la información.** Buenos Aires: Amorrortu, 2005.

14 Gray, C. H. **Cyborg citizen:** politics in the post-human age. New York: Routledge, 2001. p. 13.

15 Demo, P. **Universidade, aprendizagem e avaliação.** Porto Alegre: Mediação, 2004.

16 Duderstadt, J. J. **A university for the 21st millennium.** Ann Arbor: The University of Michigan Press, 2000.

17 Owens, R. G. (Ed.). **Organizational behavior in education:** adaptive leadership and school reform. New York: Pearson, 2004.

18 Foucault, M. **Vigiar e punir:** história da violência nas prisões. Petrópolis: Vozes, 1977.

19 Veiga-Neto, A. Espaços, tempos e disciplinas: as crianças ainda devem ir à escola? In: Alves-Mazotti, A. J. et al. **Linguagens, espaços e tempos no ensinar e no aprender.** Rio de Janeiro: DP&A, 2001. p. 9.

20 Ibid., p. 11.

21 Id.

22 Ibid., p. 17.

[23] Silva, D. A. A. Técnica, tecnologia, escrita e leitura. In: Barzotto, V. J.; Ghilardi, M. I. (Org.). **Mídia, educação e leitura.** São Paulo: Anhembi Morumbi, 1999. p. 184.

[24] Corazza, S. M. O que faz gaguejar a linguagem da escola. In: Alves-Mazotti, A. J. et al. **Linguagens, espaços e tempos no ensinar e no aprender.** Rio de Janeiro: DP&A, 2001.

[25] Sfez, L. **Crítica da comunicação.** São Paulo: Loyola, 1994.

[26] Corazza, op. cit., p. 98.

[27] Mariani, B. S. C. As leituras da/na Rocinha. In: Orlandi, E. P. (Org.). **A leitura e os leitores.** Campinas: Pontes, 2003. p. 107.

[28] Ibid.

[29] Ibid., p. 13.

[30] Ibid., p. 114.

[31] Demo, P. **Política social do conhecimento:** sobre futuros do combate à pobreza. Petrópolis: Vozes, 1999.

[32] __________. **Conhecimento moderno:** sobre ética e intervenção do conhecimento. Petrópolis: Vozes, 1999.

[33] __________. **Complexidade e aprendizagem:** a dinâmica não-linear do conhecimento. São Paulo: Atlas, 2002.

[34] Freire, P. **Pedagogia da autonomia:** saberes necessários à prática educativa. Rio de Janeiro: Paz e Terra, 1997.

[35] Santaella, L. **Navegar no ciberespaço:** o perfil cognitivo do leitor imersivo. São Paulo: Paulus, 2004.

36 Ibid., p. 11.

37 Santos, L. G. **Politizar as novas tecnologias:** o impacto sociotécnico da informação digital e genética. São Paulo: Editora 34, 2003.

Rüdiger, F. **Introdução às teorias da cibercultura.** Porto Alegre: Sulina, 2003.

38 Santaella, op. cit., p. 18.

39 Ibid., p. 19.

40 Ibid., p. 24.

41 Ibid., p. 27.

42 Ibid., p. 29.

43 Ibid., p. 32.

44 Id.

45 Ibid., p. 33.

46 Ibid., p. 37.

47 Ibid., p. 45.

48 Richards, J.; Gilder, G.; Kurzweil, R. et al. **Are we spiritual machines?:** Ray Kurzweil vs. the Critics of Strong A.I. Washington: Library of Congress, 2002.

49 Silva, T. T. (Org./Trad.) **Antropologia do ciborgue:** as vertigens do pós-humano. Belo Horizonte: Autêntica, 2002.

50 Perkowitz, S. **Digital people:** from bionic humans to androids. Washington: Joseph Henry Press, 2001.

51 Hayles, N. K. **How we became posthuman:** virtual bodies in cybernetics, literature, and informatics. Chicago: The University of Chicago Press, 1999.

52 Hughes, J. **Citizen cyborg:** why democratic societies must respond to the redesigned human of the future. Cambridge: Westview, 2004.

53 Kurzweil, R. **The age of spiritual machines:** when computers exceed human intelligence. New York: Viking, 1999.

54 Irwin, W. (Ed.). **The Matrix and Philosophy:** welcome to the desert of the real. Chicago: Open Court, 2002.

55 Chorost, M. **Rebuilt:** how becoming part computer made me more human. New York: Houghton Mifflin Company, 2005.

56 Naam, R. **More than human:** embracing the promise of biological enhancement. New York: Broadway Books, 2005.

57 Gray, C. H. **Cyborg citizen:** politics in the post-human age. New York: Routledge, 2001.

58 Santaella, L. **Navegar no ciberespaço:** o perfil cognitivo do leitor imersivo. São Paulo: Paulus, 2004. p. 93.

59 Ibid., p. 100-101.

60 Demo, P. **Metodologia científica em ciências sociais.** São Paulo: Atlas, 1995. p. 139.

61 Santaella, op. cit., p. 111-112.

62 Ibid., p. 112.

63 Ibid., p. 154.

64 Ibid., p. 161.

65 Ibid., p. 165.

66 Richards, J.; Gilder, G.; Kurzweil, R. et al. **Are we spiritual machines?:** Ray Kurzweil vs. the Critics of Strong A.I. Washington: Library of Congress, 2002.

67 Santaella, op. cit., p. 166.

68 Ibid., p. 165.

69 Ibid., p. 174.

70 Id.

71 Ibid., p. 180.

Capítulo 2

1 Prensky, M. **Digital game-based learning.** New York: McGraw-Hill, 2001. p. 3.

2 Stoll, C. **High tech heretic:** why computers don't belong in the classroom and other reflections by a computer contrarian. New York: Doubleday, 1999.

3 Tapscott, D. **Growing up digital:** the rise of the net generation. New York: McGraw-Hill, 1998. p. 38.

4 Prensky, M. **Digital game-based learning.** New York: McGraw-Hill, 2001. p. 7.

5 Ibid., p. 77.

6 Kurzweil, R. The evolution of mind in the twenty-first century. In: Richards, J.; Gilder, G.; Kurzweil, R. et al. **Are we spiritual machines?:** Ray Kurzweil vs. the Critics of Strong A.I. Washington: Library of Congress, 2002. p. 14.

7 Ibid., p. 16.

8 Searle, J. R. I married a computer. In: Richards, J.; Gilder, G.; Kurzweil, R. et al. **Are we spiritual machines?:** Ray Kurzweil vs. the Critics of Strong A.I. Washington: Library of Congress, 2002.

9 Kurzweil, R. Locked in his Chinese room. Response to John Searle. In: Richards, J.; Gilder, G.; Kurzweil, R. et al. **Are we spiritual machines?:** Ray Kurzweil vs. the Critics of Strong A.I. Washington: Library of Congress, 2002. p. 145.

10 Denton, M. Organism and machine: the flawed analogy. In: Richards, J.; Gilder, G.; Kurzweil, R. et al. **Are we spiritual machines?:** Ray Kurzweil vs. the Critics of Strong A.I. Washington: Library of Congress, 2002.

11 Kurzweil, R. Applying organic design principles to machines is not an analogy but a sound strategy. Response to Michael Denton. In: Richards, J.; Gilder, G.; Kurzweil, R. et al. **Are we spiritual machines?:** Ray Kurzweil vs. the Critics of Strong A.I. Washington: Library of Congress, 2002. p. 172-182.

12 Ray, T. Kurzweil's Turing fallacy. In: Richards, J.; Gilder, G.; Kurzweil, R. et al. **Are we spiritual machines?:** Ray Kurzweil vs. the Critics of Strong A.I. Washington: Library of Congress, 2002.

13 Gilder, G.; Richards, J. W. Introduction – are we spiritual machines? The beginning of a debate. In: Richards, J.; Gilder, G.; Kurzweil, R. et al. **Are we spiritual machines?:** Ray Kurzweil vs. the Critics of Strong A.I. Washington: Library of Congress, 2002.

14 Kurzweil, R. The material world: "Is there all there is?" Response to George Gilder and Jay Richards. In: Richards, J.; Gilder, G.; Kurzweil, R. et al. **Are we spiritual machines?:** Ray Kurzweil vs. the critics of Strong A.I. Washington: Library of Congress, 2002. p. 211.

15 Silva, T. T. (Org./Trad.). **Antropologia do ciborgue:** as vertigens do pós-humano. Belo Horizonte: Autêntica, 2002.

16 Hayles, N. K. **How we became posthuman:** virtual bodies in cybernetics, literature, and informatics. Chicago: The University of Chicago Press, 1999.

17 Ibid., p. 3.

18 Maturana, H. **Cognição, ciência e vida cotidiana.** Magro, C.; Paredes, V. (Org.). Belo Horizonte: Ed. UFMG, 2001. (Humanitas).

19 Hayles, N. K. **How we became posthuman:** virtual bodies in cybernetics, literature, and informatics. Chicago: The University of Chicago Press, 1999. p. 136.

20 Varela, F. J.; Thompson, E. T.; Rosch, E. **The embodied mind:** cognitive science and human experience. Cambridge, Massachusetts: The Mit Press, 1997.

21 Hayles, op. cit., p. 192.

[22] Ibid., p. 196.

[23] Chorost, M. **Rebuilt:** how becoming part computer made me more human. New York: Houghton Mifflin Company, 2005. p. 40.

[24] Ibid.

[25] Ibid., p. 80.

[26] Ibid., p. 154.

[27] Gray, C. H. **Cyborg citizen:** politics in the post-human age. New York: Routledge, 2001. p. 2.

[28] Ibid., p. 3.

[29] Ibid., p. 13.

[30] Ibid., p. 17.

[31] Id.

[32] Ibid., p. 29.

[33] Ibid., p. 70.

[34] Ibid., p. 166.

[35] Ibid., p. 167.

[36] Ibid., p. 177.

[37] Ibid., p. 179.

[38] Hughes, J. **Citizen cyborg:** why democratic societies must respond to the redesigned human of the future. Cambridge: Westview, 2004.

39 Ibid., p. xii.

40 Id.

41 Ibid., p. 3.

42 Demo, P. **Conhecimento moderno:** sobre ética e intervenção do conhecimento. Petrópolis: Vozes, 1999.

43 Hughes, op. cit., p. 42.

44 Demo, P. **Dialética da felicidade I:** olhar sociológico pós-moderno. Petrópolis: Vozes, 2001.

45 Hughes, op. cit., p. 177.

46 Ibid., p. 259.

47 Naam, R. **More than human:** embracing the promise of biological enhancement. New York: Broadway Books, 2005. p. 3.

48 Ibid.

49 Ibid., p. 5.

50 Ibid., p. 58.

51 Perkowitz, S. **Digital people:** from bionic humans to androids. Washington: Joseph Henry Press, 2001.

52 Searle, J. R. **O mistério da consciência.** Rio de Janeiro: Paz e Terra, 1998.

53 Edelman, G. M.; Tononi, G. **A universe of consciousness:** how matter becomes imagination. New York: Basic Books, 2000.

[54] Perkowitz, S. **Digital people:** from bionic humans to androids. Washington: Joseph Henry Press, 2001. p. 85.

[55] Kurzweil, R. The evolution of mind in the twenty-first century. In: Richards, J.; Gilder, G.; Kurzweil, R. et al. **Are we spiritual machines?:** Ray Kurzweil vs. the Critics of Strong A.I. Washington: Library of Congress, 2002.

[56] Perkowitz, op. cit., p. 111.

[57] Penrose, R. **Shadows of the mind:** a search for the missing science of consciousness. New York: Oxford University Press, 1994.

[58] Hofstadter, D. R. **Gödel, Escher, Bach:** um entrelaçamento de gênios brilhantes. Brasília: UnB, 2001.

[59] Perkowitz, S. **Digital people:** from bionic humans to androids. Washington: Joseph Henry Press, 2001. p. 115.

[60] Ibid., p. 147.

[61] Picard, R. W. **Affective computing.** Cambridge, Massachusetts: The Mit Press, 1999.

[62] Perkowitz, op. cit., p. 202.

[63] Brooks, R. A. **Flesh and machines:** how robots will change us. New York: Pantheon Books, 2002.

[64] Ibid., p. ix.

[65] Ibid., p. 3.

[66] Ibid., p. 5.

67 Dreyfus, H. L. **What computers still can't do**: a critique of artificial reason. Cambridge, Massachusetts: The Mit Press, 1997.

68 Brooks, op. cit., p. 172.

69 Searle, J. R. I married a computer. In: Richards, J.; Gilder, G.; Kurzweil, R. et al. **Are we spiritual machines?**: Ray Kurzweil vs. the Critics of Strong A.I. Washington: Library of Congress, 2002.

70 Penrose, R. **Shadows of the mind**: a search for the missing science of consciousness. New York: Oxford University Press, 1994.

Capítulo 3

1 Plant, S. **Mulher digital**: o feminino e as novas tecnologias. Rio de Janeiro: Rosa dos Tempos, 1999. p. 48.

2 Id.

3 Ibid., p. 173.

4 Ibid., p. 163.

5 Ibid., p. 164.

6 Rebelo, R. A. A. **Indisciplina escolar**: causas e sujeitos. Petrópolis: Vozes, 2002.

7 D'ambrosio, U. Matemática, ensino e educação: uma proposta global. **Temas & Debates**, Rio Claro, n. 3, p. 1-16, 1991. p. 2.

8 Infante, I. Educação e capacitação permanente. In: Ribeiro, V. M. (Org.). **Letramento no Brasil.** São Paulo: Global, 2003.

9 Inaf. 2001/2004. Disponível em: <http://www.ipm.org.br>. Acesso em: nov. 2005.

10 Infante, op. cit., p. 16.

11 Ibid., p. 117.

12 Duderstadt, J. J. **A university for the 21st millennium.** Ann Arbor: The University of Michigan Press, 2000.

13 Porto, S. D. (Org.). **Sexo, afeto e era tecnológica:** um estudo de chats na internet. Brasília: UnB, 1999.

14 Tapscott, D. **Growing up digital:** the rise of the net generation. New York: McGraw-Hill, 1998.

15 Clark, R. C.; Mayer, R. E. **E-Learning and the society of instruction.** San Francisco: Pfeiffer, 2003.

16 Morin, E. **Introdução ao pensamento complexo.** Lisboa: Instituto Piaget, 1995.

__________. **Ciência com consciência.** Rio de Janeiro: Bertrand Brasil, 1996.

Demo, P. **Conhecimento moderno:** sobre ética e intervenção do conhecimento. Petrópolis: Vozes, 1999.

17 Dyson, F. J. **The sun, the genome, and the internet:** tools of scientific revolutions. New York: Oxford University Press, 1999.

[18] Burke, P. **Uma história social do conhecimento:** de Gutenberg a Diderot. Rio de Janeiro: Zahar, 2003.

[19] Prigogine, I. **O fim das certezas:** tempo, caos e as leis da natureza. São Paulo: Unesp, 1996.

_________.; Stengers, I. **A nova aliança.** Brasília: UnB, 1997.

[20] Cronin, H. Getting human nature right. In: Brockman, J. (Ed.). **The new humanists:** science at the edge. New York: Barnes & Noble Books, 2003. p. 53.

[21] Ibid.

[22] Holland, J. H. **Hidden order:** how adaptation builds complexity. Massachusetts: Perseus Books, 1998.

_________. **Emergence:** from chaos to order. Massachusetts: Helix Books, 1998.

[23] Harris, J. R. **The nurture assumption:** why children turn out the way they do. New York: Simon & Schuster, 1998.

[24] Pinker, S. **The blank slate:** the modern denial of human nature. New York: Penguin, 2002.

[25] Demo, P. **Complexidade e aprendizagem:** a dinâmica não-linear do conhecimento. São Paulo: Atlas, 2002.

[26] Maturana, H. **Cognição, ciência e vida cotidiana.** Magro, C.; Paredes, V. (Org.). Belo Horizonte: Ed. UFMG, 2001. (Humanitas).

27 Cronin, H. Getting human nature right. In: Brockman, J. (Ed.). **The new humanists:** science at the edge. New York: Barnes & Noble Books, 2003. p. 62.

28 Wright, R. **Nonzero:** the logic of human destiny. New York: Pantheon Books, 2000.

29 Edelman, G. M.; Tononi, G. **A universe of consciousness:** how matter becomes imagination. New York: Basic Books, 2000.

30 Bauman, Z. **Modernidade líquida.** Rio de Janeiro: Zahar, 2001.

31 Bova, B. **Immortality:** how science is extending your life span – and changing the world. New York: Avon Books, 1998. p. 244.

32 Ibid.

33 Bauman, Z. **Comunidade:** a busca por segurança no mundo atual. Rio de Janeiro: Zahar, 2003.

34 Evans, R. **The human side of school change:** reform, resistance and the real-life problems of innovation. San Francisco: Jossey-Bass, 2001.

Owens, R. G. (Ed.). **Organizational behavior in education:** adaptive leadership and school reform. New York: Pearson, 2004.

35 Duderstadt, J. J. **A university for the 21st millennium.** Ann Arbor: The University of Michigan Press, 2000.

36 Demo, P. **Universidade, aprendizagem e avaliação.** Porto Alegre: Mediação, 2004.

37 Manguel, A. **Uma história da leitura.** São Paulo: Companhia das Letras, 2004. p. 92.

38 Ibid., p. 95.

39 Ibid., p. 96.

40 Marshall, F. **Édipo tirano:** a tragédia do saber. Brasília: UnB, 2000.

41 Manguel, op. cit.

42 Aronowitz, S. **The knowledge factory:** dismantling the corporate university and creating true higher learning. Boston: Beacon Press, 2000.

43 Gandelman, M. **Poder e conhecimento na economia global:** o regime internacional da propriedade intelectual – da sua formação às regras de comércio atuais. Rio de Janeiro: Civilização Brasileira, 2004.

Sachs, W. **Dicionário do desenvolvimento:** guia para o conhecimento como poder. Petrópolis: Vozes, 2000.

44 Demo, P. **Sociologia da educação:** sociedade e suas oportunidades. Brasília: Plano, 2004.

45 __________. **Introdução à sociologia:** complexidade, interdisciplinaridade e desigualdade social. São Paulo: Atlas, 2002.

46 Withrow, F. B. **Literacy in the digital age:** reading, writing, viewing and computing. Toronto: ScareCrowEducation, 2004.

47 IBGE. **Perfil dos idosos responsáveis pelos domicílios no Brasil – 2000.** Rio de Janeiro, 2002. Disponível em: <http://www.ibge.gov.br>. Acesso em: nov. 2005.

48 Ibid., p. 15.

49 Porto, S. D. (Org.). **Sexo, afeto e era tecnológica:** um estudo de chats na internet. Brasília: UnB, 1999.

50 Unesco. **O perfil dos professores brasileiros:** o que fazem, o que pensam, o que almejam. Brasília: Unesco, 2004. p. 120.

51 Demo, P. **Charme da exclusão social.** Campinas: Autores Associados, 1998.

52 Stoll, C. **High tech heretic:** why computers don't belong in the classroom and other reflections by a computer contrarian. New York: Doubleday, 1999.

53 Withrow, F. B. **Literacy in the digital age:** reading, writing, viewing and computing. Toronto: ScareCrowEducation, 2004.

54 Antunes, R. **Os sentidos do trabalho:** ensaios sobre a afirmação e a negação do trabalho. São Paulo: Boitempo Editorial, 2000.

Negri, A.; Hardt, M. **O trabalho de Dionísio:** para a crítica ao estado pós-moderno. Juiz de Fora: UFJF, 2004.

55 Demo, P. **Charme da exclusão social.** Campinas: Autores Associados, 1998.

56 Rifkin, J. **The age of access:** the new culture of hypercapitalism where all of life is a paid-for experience. New York: Jeremy P. Tarcher/Putnam, 2000.

57 Castells, M. **The rise of the network society:** the information age: economy, society and culture. Oxford: Blackwell, 1997. v. 1.

Lewis, M. **The new thing:** a Silicon Valley story. New York: W.W. Norton & Company, 2000.

Schiller, D. **Digital capitalism:** networking the global market system. Massachusetts: The Mit Press, 2000.

58 Demo, P. **Pobreza da pobreza.** Petrópolis: Vozes, 2003.

59 Mészáros, I. **Para além do capital.** São Paulo: Boitempo, 2002.

60 Maturana, H. **Cognição, ciência e vida cotidiana.** Organização: C. Magro e V. Paredes. Belo Horizonte: Ed. UFMG, 2001. (Coleção Humanitas).

61 Prensky, M. **Digital game-based learning.** New York: McGraw-Hill, 2001.

62 Demo, P. **Aprendizagem no Brasil:** ainda muito por fazer. Porto Alegre: Mediação, 2004.

__________. **Universidade, aprendizagem e avaliação.** Porto Alegre: Mediação, 2004.

63 Duderstadt, J. J. **A university for the 21st millennium.** Ann Arbor: The University of Michigan Press, 2000.

64 Demo, P. **Aprendizagem no Brasil**: ainda muito por fazer. Porto Alegre: Mediação, 2004.

65 Infante, I. Educação e capacitação permanente. In: Ribeiro, V. M. (Org.). **Letramento no Brasil.** São Paulo: Global, 2003. p. 116.

66 Schlemmer, E. Metodologias para educação a distância no contexto da formação de comunidades virtuais de aprendizagem. In: Barbosa, R. M. (Org.). **Ambientes virtuais de aprendizagem.** Porto Alegre: Artmed, 2005.

67 Duderstadt, J. J. **A university for the 21st millennium.** Ann Arbor: The University of Michigan Press, 2000.

68 Palloff, R. M.; Pratt, K. **Lessons from the cyberspace classroom**: the realities of online teaching. San Francisco: Jossey-Bass, 2001.

__________. **The virtual student**: a profile and guide to working with online learners. San Francisco: Jossey-Bass, 2003.

69 Schank, R. C. **Lessons in learning, e-learning, and training**: perspectives and guidance for the enlightened trainer. New York: Pfeiffer, 2005.

70 Demo, P. **Politicidade**: razão humana. Campinas: Papirus, 2002.

Maturana, H. **Cognição, ciência e vida cotidiana.** Organização: C. Magro e V. Paredes. Belo Horizonte: Ed. UFMG, 2001. (Coleção Humanitas).

71 Demo, P. **Conhecimento e aprendizagem na nova mídia.** Brasília: Plano, 2001.

72 Allen, M. W. **Michael Allen's guide to E-Learning.** New York: Wiley, 2002.

73 Clark, R. C.; Mayer, R. E. **E-Learning and the society of instruction.** San Francisco: Pfeiffer, 2003.

74 Prensky, M. **Digital game-based learning.** New York: McGraw-Hill, 2001.

75 Mink, O. C.; Owen, K. Q.; Mink, B. P. **Developing high-performance people:** the art of coaching. New York: Perseus Books, 1993.

Owens, R. G. (Ed.). **Organizational behavior in education:** adaptive leadership and school reform. New York: Pearson, 2004.

76 Gray, C. H. **Cyborg citizen:** politics in the post-human age. New York: Routledge, 2001.

77 Brockman, J. (Ed.). **The new humanists:** science at the edge. New York: Barnes & Noble Books, 2003.

78 Ibid., p. 1.

79 Ibid., p. 2.

80 Ibid., p. 6.

81 Ibid., p. 7.

82 Sokal, A.; Bricmont, J. **Imposturas intelectuais:** o abuso da ciência pelos filósofos pós-modernos. São Paulo: Record, 1999.

[83] Demo, P. **Conhecimento moderno:** sobre ética e intervenção do conhecimento. Petrópolis: Vozes, 1999.

[84] Gray, C. H. **Cyborg citizen:** politics in the post-human age. New York: Routledge, 2001.

Santos, L. G. **Politizar as novas tecnologias:** o impacto sociotécnico da informação digital e genética. São Paulo: Editora 34, 2003.

Rüdiger, F. **Introdução às teorias da cibercultura.** Porto Alegre: Sulina, 2003.

[85] Naisbitt, J. **High tech, high touch:** technology and our search for meaning. New York: Broadway Books, 1999.

[86] Viesser, J. A.; Turra, V. F. **Educação e aprendizagem:** uma proposta alternativa. Brasília: Plano, 2002.

[87] Goleman, D. **Inteligência emocional:** a teoria revolucionária que redefine o que é ser inteligente. Rio de Janeiro: Objetiva, 1996.

[88] Santos, B. S. (Org.). **Conhecimento prudente para uma vida decente:** um discurso sobre as ciências revisitado. São Paulo: Cortez, 2004.

[89] Lash, S. **Crítica de la información.** Buenos Aires: Amorrortu, 2005.

[90] Sternheimer, K. **It's not the media:** the truth about pop culture's influence on children. Oxford: Westview, 2003.

[91] Kellner, D. **Media & culture:** cultural studies, identity and politics between the modern and the postmodern. New York: Routledge, 1995.

referências *bibliográficas*

referências *bibliográficas*

Allen, M. W. **Michael Allen's guide to E-Learning.** New York: Wiley, 2002.

Antunes, R. **Os sentidos do trabalho:** ensaios sobre a afirmação e a negação do trabalho. São Paulo: Boitempo Editorial, 2000.

Aronowitz, S. **The knowledge factory:** dismantling the corporate university and creating true higher learning. Boston: Beacon Press, 2000.

Barreto, R. G. Novas tecnologias na escola: um recorte discursivo. In: _________. (Org.). **Tecnologias educacionais e educação a distância:** avaliando políticas e práticas. Rio de Janeiro: Quartet, 2003.

Bauman, Z. **Modernidade líquida.** Rio de Janeiro: Zahar, 2001.

_________. **Comunidade:** a busca por segurança no mundo atual. Rio de Janeiro: Zahar, 2003.

Böhme, G.; Stehr, N. **The knowledge society:** the impact of scientific knowledge on social relations. Boston: D. Reidel Publishing Company, 1986.

Bova, B. **Immortality:** how science is extending your life span – and changing the world. New York: Avon Books, 1998.

Brockman, J. (Ed.). **The new humanists:** science at the edge. New York: Barnes & Noble Books, 2003.

Brooks, R. A. **Flesh and machines:** how robots will change us. New York: Pantheon Books, 2002.

Burke, P. **Uma história social do conhecimento:** de Gutenberg a Diderot. Rio de Janeiro: Zahar, 2003.

Castells, M. **The rise of the network society:** the information age: economy, society and culture. Oxford: Blackwell, 1997. v. 1.

__________. **A galáxia da internet.** Rio de Janeiro: Zahar, 2003.

Chorost, M. **Rebuilt:** how becoming part computer made me more human. New York: Houghton Mifflin Company, 2005.

Clark, R. C.; Mayer, R. E. **E-Learning and the society of instruction.** San Francisco: Pfeiffer, 2003.

Corazza, S. M. O que faz gaguejar a linguagem da escola. In: Alves-Mazotti, A. J. et al. **Linguagens, espaços e tempos no ensinar e no aprender.** Rio de Janeiro: DP&A, 2001.

Cronin, H. Getting human nature right. In: Brockman, J. (Ed.). **The new humanists:** science at the edge. New York: Barnes & Noble Books, 2003.

D'ambrosio, U. Matemática, ensino e educação: uma proposta global. **Temas & Debates**, Rio Claro, n. 3, p. 1-16, 1991.

Damasio, A. **The feeling of what happens:** body and emotion in the making of consciousness. New York: Harcourt Brace & Company, 1999.

Damásio, A. R. **O erro de Descartes:** emoção, razão e o cérebro humano. Rio de Janeiro: Companhia das Letras, 1996.

Danyluk, O. **Alfabetização matemática:** as primeiras manifestações da escrita infantil. Porto Alegre: Sulina, 2002.

Demo, P. **Metodologia científica em ciências sociais.** São Paulo: Atlas, 1995.

Demo, P. **A nova ldb:** ranços e avanços. Campinas: Papirus, 1997.

__________. **Charme da exclusão social.** Campinas: Autores Associados, 1998.

__________. **Política social do conhecimento:** sobre futuros do combate à pobreza. Petrópolis: Vozes, 1999.

__________. **Conhecimento moderno:** sobre ética e intervenção do conhecimento. Petrópolis: Vozes, 1999.

__________. **Saber pensar.** São Paulo: Cortez, 2000.

__________. **Dialética da felicidade I:** olhar sociológico pós-moderno. Petrópolis: Vozes, 2001.

__________. **Conhecimento e aprendizagem na nova mídia.** Brasília: Plano, 2001.

__________. **Politicidade:** razão humana. Campinas: Papirus, 2002.

__________. **Complexidade e aprendizagem:** a dinâmica não-linear do conhecimento. São Paulo: Atlas, 2002.

__________. **Introdução à sociologia:** complexidade, interdisciplinaridade e desigualdade social. São Paulo: Atlas, 2002.

__________. **Pobreza da pobreza.** Petrópolis: Vozes, 2003.

__________. **Aprendizagem no Brasil:** ainda muito por fazer. Porto Alegre: Mediação, 2004.

__________. **Sociologia da educação:** sociedade e suas oportunidades. Brasília: Plano, 2004.

Demo, P. **Universidade, aprendizagem e avaliação.** Porto Alegre: Mediação, 2004.

__________. **Argumento de autoridade x autoridade do argumento.** Rio de Janeiro: Tempo Brasileiro, 2005.

__________. **Leitores para sempre.** Porto Alegre: Mediação. No prelo.

Denton, M. Organism and machine: the flawed analogy. In: Richards, J.; Gilder, G.; Kurzweil, R. et al. **Are we spiritual machines?:** Ray Kurzweil vs. the Critics of Strong A.I. Washington: Library of Congress, 2002.

Dreyfus, H. L. **What computers still can't do:** a critique of artificial reason. Cambridge, Massachusetts: The Mit Press, 1997.

Duderstadt, J. J. **A university for the 21st millennium.** Ann Arbor: The University of Michigan Press, 2000.

Dyson, F. J. **The sun, the genome, and the internet:** tools of scientific revolutions. New York: Oxford University Press, 1999.

Edelman, G. M.; Tononi, G. **A universe of consciousness:** how matter becomes imagination. New York: Basic Books, 2000.

Evans, R. **The human side of school change:** reform, resistance and the real-life problems of innovation. San Francisco: Jossey-Bass, 2001.

Fonseca, M. C. F. R. **Letramento no Brasil:** habilidades matemáticas. São Paulo: Global, 2004.

Foucault, M. **Vigiar e punir:** história da violência nas prisões. Petrópolis: Vozes, 1977.

Freire, P. **Pedagogia da autonomia:** saberes necessários à prática educativa. Rio de Janeiro: Paz e Terra, 1997.

Frigotto, G. **La productividad de la escuela improductiva.** Buenos Aires/Madrid: Miño y D'Ávila, 1998.

Gandelman, M. **Poder e conhecimento na economia global:** o regime internacional da propriedade intelectual – da sua formação às regras de comércio atuais. Rio de Janeiro: Civilização Brasileira, 2004.

Gardner, H. **Estruturas da mente:** a teoria das inteligências múltiplas. Porto Alegre: Artes Médicas, 1994.

Geempa. **Prova ampla:** só ensina quem aprende. Disponível em: <http://www.plug-in.com.br/~geempa>. Acesso em: nov. 2005.

Gilder, G.; Richards, J. W. Introduction – are we spiritual machines? The beginning of a debate. In: Richards, J.; Gilder, G.; Kurzweil, R. et al. **Are we spiritual machines?:** Ray Kurzweil vs. the Critics of Strong A.I. Washington: Library of Congress, 2002.

Goleman, D. **Inteligência emocional:** a teoria revolucionária que redefine o que é ser inteligente. Rio de Janeiro: Objetiva, 1996.

Gray, C. H. **Cyborg citizen:** politics in the post-human age. New York: Routledge, 2001.

Harris, J. R. **The nurture assumption:** why children turn out the way they do. New York: Simon & Schuster, 1998.

Hayles, N. K. **How we became posthuman:** virtual bodies in cybernetics, literature, and informatics. Chicago: The University of Chicago Press, 1999.

Hofstadter, D. R. **Gödel, Escher, Bach:** um entrelaçamento de gênios brilhantes. Brasília: UnB, 2001.

Holland, J. H. **Hidden order:** how adaptation builds complexity. Massachusetts: Perseus Books, 1998.

_________. **Emergence:** from chaos to order. Massachusetts: Helix Books, 1998.

Hughes, J. **Citizen cyborg:** why democratic societies must respond to the redesigned human of the future. Cambridge: Westview, 2004.

IBGE. **Perfil dos idosos responsáveis pelos domicílios no Brasil – 2000.** Rio de Janeiro, 2002. Disponível em: <http://www.ibge.gov.br>. Acesso em: nov. 2005.

Inaf. 2001/2004. Disponível em: <http://www.ipm.org.br>. Acesso em: nov. 2005.

Inep. **Resultados do Saeb-2003.** Brasília: Inep/MEC, 2004. Disponível em: <http://www.inep.gov.br>. Acesso em: nov. 2005.

Infante, I. Educação e capacitação permanente. In: Ribeiro, V. M. (Org.). **Letramento no Brasil.** São Paulo: Global, 2003.

Irwin, W. (Ed.). **The Matrix and Philosophy:** welcome to the desert of the real. Chicago: Open Court, 2002.

Kellner, D. **Media & culture:** cultural studies, identity and politics between the modern and the postmodern. New York: Routledge, 1995.

Kohn, A. **The schools our children deserve:** moving beyond traditional classrooms and "tougher standards". New York: Houghton Mifflin Company, 1999.

Kurzweil, R. **The age of spiritual machines:** when computers exceed human intelligence. New York: Viking, 1999.

__________. The evolution of mind in the twenty-first century. In: Richards, J.; Gilder, G.; Kurzweil, R. et al. **Are we spiritual machines?:** Ray Kurzweil vs. the Critics of Strong A.I. Washington: Library of Congress, 2002.

__________. Locked in his Chinese room. Response to John Searle. In: Richards, J.; Gilder, G.; Kurzweil, R. et al. **Are we spiritual machines?:** Ray Kurzweil vs. the Critics of Strong A.I. Washington: Library of Congress, 2002.

__________. Applying organic design principles to machines is not an analogy but a sound strategy. Response to Michael Denton. In: Richards, J.; Gilder, G.; Kurzweil, R. et al. **Are we spiritual machines?:** Ray Kurzweil vs. the Critics of Strong A.I. Washington: Library of Congress, 2002.

__________. The material world: "Is there all there is?" Response to George Gilder and Jay Richards. In: Richards, J.; Gilder, G.; Kurzweil, R. et al. **Are we spiritual machines?:** Ray Kurzweil vs. the Critics of Strong A.I. Washington: Library of Congress, 2002.

Lash, S. **Crítica de la información.** Buenos Aires: Amorrortu, 2005.

Lewis, M. **The new thing:** a Silicon Valley story. New York: w.w. Norton & Company, 2000.

Manguel, A. **Uma história da leitura.** São Paulo: Companhia das Letras, 2004.

Mariani, B. S. C. As leituras da/na Rocinha. In: Orlandi, E. P. (Org.). **A leitura e os leitores.** Campinas: Pontes, 2003.

Marshall, F. **Édipo tirano:** a tragédia do saber. Brasília: UnB, 2000.

Maturana, H. **Cognição, ciência e vida cotidiana.** Organização: C. Magro e V. Paredes. Belo Horizonte: Ed. UFMG, 2001. (Coleção Humanitas)

Mészáros, I. **Para além do capital.** São Paulo: Boitempo, 2002.

Mink, O. C.; Owen, K. Q.; Mink, B. P. **Developing high-performance people:** the art of coaching. New York: Perseus Books, 1993.

Morin, E. **Introdução ao pensamento complexo.** Lisboa: Instituto Piaget, 1995.

_________. **Ciência com consciência.** Rio de Janeiro: Bertrand Brasil, 1996.

Naam, R. **More than human:** embracing the promise of biological enhancement. New York: Broadway Books, 2005.

Naisbitt, J. **High tech, high touch:** technology and our search for meaning. New York: Broadway Books, 1999.

Negri, A.; Hardt, M. **O trabalho de Dionísio:** para a crítica ao estado pós-moderno. Juiz de Fora: UFJF, 2004.

Owens, R. G. (Ed.). **Organizational behavior in education:** adaptive leadership and school reform. New York: Pearson, 2004.

Palloff, R. M.; Pratt, K. **Lessons from the cyberspace classroom:** the realities of online teaching. San Francisco: Jossey-Bass, 2001.

__________. **The virtual student:** a profile and guide to working with online learners. San Francisco: Jossey-Bass, 2003.

Penrose, R. **Shadows of the mind:** a search for the missing science of consciousness. New York: Oxford University Press, 1994.

Perkowitz, S. **Digital people:** from bionic humans to androids. Washington: Joseph Henry Press, 2001.

Picard, R. W. **Affective computing.** Cambridge, Massachusetts: The Mit Press, 1999.

Pinker, S. **The blank slate:** the modern denial of human nature. New York: Penguin, 2002.

Plant, S. **Mulher digital:** o feminino e as novas tecnologias. Rio de Janeiro: Rosa dos Tempos, 1999.

Porto, S. D. (Org.). **Sexo, afeto e era tecnológica:** um estudo de chats na internet. Brasília: UnB, 1999.

Prensky, M. **Digital game-based learning.** New York: McGraw-Hill, 2001.

Prigogine, I. **O fim das certezas:** tempo, caos e as leis da natureza. São Paulo: Unesp, 1996.

Prigogine, I.; Stengers, I. **A nova aliança.** Brasília: UnB, 1997.

Ray, T. Kurzweil's Turing fallacy. In: Richards, J.; Gilder, G.; Kurzweil, R. et al. **Are we spiritual machines?:** Ray Kurzweil vs. the Critics of Strong A.I. Washington: Library of Congress, 2002.

Rebelo, R. A. A. **Indisciplina escolar:** causas e sujeitos. Petrópolis: Vozes, 2002.

Ribeiro, V. M. (Org.). **Letramento no Brasil.** São Paulo: Global, 2003.

Richards, J.; Gilder, G.; Kurzweil, R. et al. **Are we spiritual machines?:** Ray Kurzweil vs. the Critics of Strong A.I. Washington: Library of Congress, 2002.

Rifkin, J. **The age of access:** the new culture of hypercapitalism where all of life is a paid-for experience. New York: Jeremy P. Tarcher/Putnam, 2000.

Rüdiger, F. **Introdução às teorias da cibercultura.** Porto Alegre: Sulina, 2003.

Sachs, W. **Dicionário do desenvolvimento:** guia para o conhecimento como poder. Petrópolis: Vozes, 2000.

Santaella, L. **Navegar no ciberespaço:** o perfil cognitivo do leitor imersivo. São Paulo: Paulus, 2004.

Santos, B. S. (Org.). **Conhecimento prudente para uma vida decente:** um discurso sobre as ciências revisitado. São Paulo: Cortez, 2004.

Santos, L. G. **Politizar as novas tecnologias:** o impacto sociotécnico da informação digital e genética. São Paulo: Editora 34, 2003.

Schank, R. C. **Lessons in learning, e-learning, and training:** perspectives and guidance for the enlightened trainer. New York: Pfeiffer, 2005.

Schiller, D. **Digital capitalism:** networking the global market system. Massachusetts: The Mit Press, 2000.

Schlemmer, E. Metodologias para educação a distância no contexto da formação de comunidades virtuais de aprendizagem. In: Barbosa, R. M. (Org.). **Ambientes virtuais de aprendizagem.** Porto Alegre: Artmed, 2005.

Searle, J. R. **O mistério da consciência.** Rio de Janeiro: Paz e Terra, 1998.

Searle, J. R. I married a computer. In: Richards, J.; Gilder, G.; Kurzweil, R. et al. **Are we spiritual machines?:** Ray Kurzweil vs. the Critics of Strong A.I. Washington: Library of Congress, 2002.

Sfez, L. **Crítica da comunicação.** São Paulo: Loyola, 1994.

Silva, D. A. A. Técnica, tecnologia, escrita e leitura. In: Barzotto, V. J.; Ghilardi, M. I. (Org.). **Mídia, educação e leitura.** São Paulo: Anhembi Morumbi, 1999.

Silva, T. T. (Org./Trad.) **Antropologia do ciborgue:** as vertigens do pós-humano. Belo Horizonte: Autêntica, 2002.

Soares, M. **Alfabetização e letramento.** São Paulo: Contexto, 2004.

Sokal, A.; Bricmont, J. **Imposturas intelectuais:** o abuso da ciência pelos filósofos pós-modernos. São Paulo: Record, 1999.

Sternheimer, K. **It's not the media:** the truth about pop culture's influence on children. Oxford: Westview, 2003.

Stoll, C. **High tech heretic:** why computers don't belong in the classroom and other reflections by a computer contrarian. New York: Doubleday, 1999.

Tapscott, D. **Growing up digital:** the rise of the net generation. New York: McGraw-Hill, 1998.

Unesco. **O perfil dos professores brasileiros:** o que fazem, o que pensam, o que almejam. Brasília: Unesco, 2004.

Varela, F. J.; Thompson, E. T.; Rosch, E. **The embodied mind:** cognitive science and human experience. Cambridge, Massachusetts: The Mit Press, 1997.

Veiga-Neto, A. Espaços, tempos e disciplinas: as crianças ainda devem ir à escola? In: Alves-Mazotti, A. J. et al. **Linguagens, espaços e tempos no ensinar e no aprender.** Rio de Janeiro: DP&A, 2001.

Viesser, J. A.; Turra, V. F. **Educação e aprendizagem:** uma proposta alternativa. Brasília: Plano, 2002.

Withrow, F. B. **Literacy in the digital age:** reading, writing, viewing and computing. Toronto: ScareCrowEducation, 2004.

Wright, R. **Nonzero:** the logic of human destiny. New York: Pantheon Books, 2000.

anexos

Destruidores de Ilusões

Amon Narciso de Barros

Como é duro ver ruir uma ilusão. Por mais que se diga o contrário, ela tem o seu valor motivacional. Antes de entrar na universidade, não era esperado ver uma estrutura de escola de 2º grau. Era o que havia disponível. Foi-se uma ilusão.

Depois de passar pela via-crúcis do vestibular, da primeira impressão da universidade, vejamos o que ela tem de melhor – as aulas! A disseminação do saber em forma de teias envolventes e instigadoras, numa espiral ascendente rumo a discussões de alto nível, sem 'achismos', embasadas em teorias comparadas e (ou) fatos... Outra ilusão destruída.

As matérias optativas não existem, mas tudo bem. Na grade, sempre tem alguma que é interessante. Para elas vale a pena estudar, afinal, é o ramo de atuação desejada, tendo em vista a futura carreira de criador e transmissor de conhecimentos. Aí vem um destruidor, com toda sua onisciência reversa de tudo. Muitas vezes, tudo que sabe é repetir um ou outro postulado, ou um de seus únicos pensamentos que ele julga ser imbatível. Resultado: nada.

É, ele não ensina, e quem se preparou não vê ambiente para falar do que leu, passa matéria, fica a lacuna. Claro que não é possível uma homogeneização incondicional, inconteste. Existem os que estão além das expectativas. Os que, mesmo desagradáveis, são reconhecidamente os mais importantes no futuro. Por que ler tantos livros? o quê? outra resenha? fulano de tal deu outro texto para ser discutido? O objetivo disso tudo, dessas 'maldades', é ao menos incutir conceitos básicos, noções gerais e estimular o funcionamento cerebral. Muita gente já ouviu dizer que a maturidade é a capacidade de assumir responsabilidades. E não?

Gratos deveriam ser todos que foram instigados a assumi-las mesmo contra a vontade. Só assim para sair da letargia imposta pelo perverso sistema de ensino secundarista, que obriga os estudantes a se focarem única e exclusivamente no vestibular.

Assumamos todos a responsabilidade que nos toca. Quem vai dar aula, que se prepare, tanto para cobrar como para ser cobrado. Os que irão participar, que venham preparados para usar mais que os ouvidos e os olhos, mas também o cérebro e a boca.

Tal como é maturidade aceitar a incapacidade para lecionar determinada matéria, ao aluno deveria ser legada a maturidade de optar por não ver uma delas que não lhe agrade. Não é possível mais ver as ilusões ruírem e morrerem. Pelo menos, vou chorá-las. E hei de chorar alto, para que os que me ouvem tenham de tapar algo: ou minha boca ou seus ouvidos!

Destruidores de ilusões somos todos, uns pela omissão, uns pela ação. Não importa, não é permissível que todos saiam impunes desse crime hediondo. O mundo real é duro demais, é feio demais. E se não é possível sozinho torná-lo mais agradável, pelo menos denunciar as mazelas e buscar apoio para corrigi-las. Acadêmicos e mestres, salvemos nosso mundo. Vamos nos unir!

Apatia Generalizada

Amon Narciso de Barros

Alunos desmotivados, aulas que beiram e, por vezes, quebram a barreira do ridículo.

A universidade deveria ser, pelo menos a princípio, um local de legitimação do saber. Um lugar onde o conhecimento teria que ser construído, não apenas transmitido. Deveria ser a guardiã suprema do pensar. Deveria se propor a formar indivíduos com capacidade crítica e abstrativa maior do que a média do restante da população.

Não é descabido afirmar que muitas vezes nem conhecimento existe. Quantas aulas já se perderam em meio à incompetência docente aliada à displicência discente? Quantas matérias se esvaíram em meio ao comodismo, tanto de alunos como de professores?

Apontar um culpado é sempre mais fácil do que tomar a culpa para si. Observa-se então a troca de acusações e a tentativa de criar uma relação de causa e efeito satisfatória para a ótica de quem discursa. Os alunos que querem mais do que um diploma são categóricos ao afirmar que vários professores, em vez de nortear a busca pelo conhecimento, em nada ajudam. Pelo contrário, cultivam a aversão ao pensar. Já os professores acusam os alunos de serem apáticos.

A apatia é como uma doença infecto-contagiosa. Espalha-se rapidamente de aluno para aluno. Mas aqueles que deveriam buscar a cura para essa doença fazem com que o ambiente intraclasse torne-se ainda menos salutar. Aí o vírus se espalha. Para que estudar? Para receber respostas evasivas a perguntas objetivas? Para ser considerado o "chato da sala", que teima em dificultar a conquista do tão sonhado diploma? Papel por papel, diploma conquistado numa atmosfera como essa, não vale mais que um guardanapo branco.

O aluno que ingressa na universidade com uma "maturidade abstrativa" muitas vezes baixa permanece não-pensante. Os questionadores são induzidos por professores inaptos a baixarem a cabeça. Os outros optam pela via menos árdua: ir à faculdade para responder à "chamada". Muitas vezes, nunca provam o gosto de se sentirem diferentes dos ratos de laboratório, que não recebem ensinamentos, são adestrados.

Não é papel do professor obrigar o aluno a pensar ou a estudar. Mas dentre suas obrigações está a de, pelo menos, se esforçar a fim de proporcionar essa oportunidade aos que desejam utilizar-se de sua massa cinzenta. Nivelar por baixo é muito simples, afinal, diz o dito popular: *Para baixo, todo santo ajuda!*

É mais fácil assim: uma "aulinha *light*", que não exige nada dos alunos, aliás, exige só uma coisinha: inatividade cerebral. Fácil e também extremamente cômodo. Presta-se atenção numa aula que abrange a área de interesse, "empurra com a barriga" as outras, e pronto.

Cadê o profissional capacitado, multidisciplinar com visão holística, sistêmica, com capacidade de colocar suas idéias acima do senso comum? Dependência de recursos audiovisuais, ausência de maturidade para assumir a falta de conhecimento... Já dizia Sócrates: "Tudo que sei é que nada sei". Visto isso, deve-se buscar sempre novos conhecimentos, floreamento do óbvio.

Comodismo, prostração, conivência. A cumplicidade insalubre estabelecida entre os dois elos da corrente conduz os rumos dessa tragicomédia. O final não tende a ser feliz. Vem à mente do aluno um questionamento, talvez o primeiro feito desde o ingresso na universidade: Foi tempo perdido? Não, não de todo. Sempre se absorve alguma coisa nem que seja "conhecimento" em forma de frase feita. Além do mais, ainda existem aqueles que procuram mudar o desfecho da história. Mas é melhor agir rápido, esses são parte de uma espécie em extinção, e a doença se espalha rápido.

Natural de Santa Catarina (Pedras Grandes), filho de agricultores, **Pedro Demo**, depois de cursar a escola primária, entrou no Seminário dos Franciscanos em Rodeio (SC), de onde se transferiu para Rio Negro (PR) e posteriormente para Agudos (SP), local onde concluiu o ensino médio. Cursou Filosofia na Faculdade dos Franciscanos, em Curitiba (PR) e Teologia, em Petrópolis (RJ), além de ter realizado estudos de música.

É PhD em Sociologia pela Universidade de Saarbrücken, Alemanha (1967-1971), e pós-doutor pela Universität Erlangen-Nürnberg, Alemanha (1983) e pela University of California at Los Angeles – Ucla (1999-2000).

Atualmente, é professor titular da Universidade de Brasília (UnB) nos cursos de mestrado e doutorado do Departamento de Sociologia. Atua sistematicamente nas áreas de política social e metodologia científica, tendo inúmeras obras publicadas – mais de 60 títulos – das quais boa parte é dedicada à análise e à discussão de temas educacionais.

Impressão: Reproset Indústria Gráfica
junho/2012